La Société d'utilité

Pascal Vallée

La Société d'utilité

Un Paradis sur Terre pour nous sauver des catastrophes.

FSC
www.fsc.org
MIXTE
Papier issu
de sources
responsables
Paper from
responsible sources
FSC® C105338

Édition : BoD · Books on Demand, 31 avenue Saint-Rémy, 57600 Forbach,
bod@bod.fr
Impression : Libri Plureos GmbH, Friedensallee 273, 22763 Hamburg
(Allemagne)
ISBN : 978-2-3225-3500-2
Dépôt légal : Janvier 2025

Avant-propos

Cet ouvrage a été écrit sur vingt-huit années d'activité, de 1996 à 2024. Il est l'ébauche d'une nouvelle façon de vivre pour toute l'humanité. De l'ère pétrolifère à l'ère solaire, notre société de consommation deviendra une société d'utilité, puis, avec le temps, une société de raison.

Cette ébauche a pour objectif d'apporter la solution pour éradiquer sur Terre les pollutions, la pauvreté, la misère et toutes les guerres. Elle ne demande qu'à être améliorée par l'ensemble de nos scientifiques.

Je vous invite à prendre connaissance de ce nouveau monde, dans le but d'ouvrir le débat, car il existe d'autres moyens que l'argent pour vivre.

Merci.

Dans un futur proche, vous n'aurez plus qu'à pointer vos heures de travail sur votre compte en banque. Tous égaux en salaire, vous pourrez consommer ce que vous voulez à un prix calculé en minutes. Finis la pauvreté et l'effet de serre !

Bonne cueillette !

Préambule

Ce qu'il s'est passé en l'an 700 av. J.-C. a constitué le germe des crises économiques et environnementales actuelles. À l'origine, les hommes ont organisé leurs activités et leurs communications autour du commerce et des échanges, parce que cela leur rendait service. Pour se simplifier la vie, ils ont inventé la reconnaissance de dettes, en faisant des calculs sur des tables d'argile, dont des traces ont été retrouvées par des scientifiques. L'argent est ainsi arrivé sur Terre pour nous permettre de procéder à des échanges.

Seulement, l'échange n'a jamais été quelque chose de juste. Une des parties reçoit forcément davantage. De l'intelligence humaine est alors née l'idée du profit. Pour engranger plus de profits, les premières pièces d'argent sont nées, en l'an 700 av. J.-C.

À cette époque, l'idée lumineuse d'un seigneur a été d'imposer l'utilisation de sa monnaie (qu'il fabriquait lui-même) par la création d'un impôt payable avec cette même monnaie, obligeant le paysan à vendre ce qu'il produisait pour obtenir cette monnaie et payer l'impôt du seigneur — s'il ne voulait pas mourir. Le seigneur achète donc de la nourriture au paysan puis il reprend son argent via son impôt. Il fait du paysan son esclave. Le seigneur, qui possède la nourriture et l'argent (sans travailler), peut ainsi payer et nourrir son armée pour faire respecter sa loi de domination (c'est ce qui se passe encore aujourd'hui, sous un aspect plus psychologique : obtenir le beurre et l'argent du beurre, par le profit).

C'est pourquoi, depuis que l'argent est né, toute notre civilisation s'est construite sur le profit, parce que l'argent en donne la possibilité, puisqu'il découle de l'échange qui n'a jamais été quelque chose de juste. Cela explique pourquoi le profit provoque toutes les dérives humaines, puisque c'est lui qui apporte cette tentation aux hommes de mentir, de se battre, de trafiquer, de voler, de polluer, de tuer, et même de provoquer des guerres…pour s'enrichir. Moralité : sans profit, nous serions tous bons !

Tant que l'argent restera notre seul moyen d'échanges, le monde ne s'arrangera pas. Ce sera même de pis en pis, surtout avec la croissance, car l'argent pousse au profit, c'est-à-dire à en vouloir toujours davantage. Par conséquent, si nous voulons éliminer les misères et les pollutions sur Terre, il faut s'atteler à éradiquer le profit de force, en le rendant impossible à l'homme.

Pour bien comprendre, regardons le fonctionnement de nos banques. Aujourd'hui, les banques, main dans la main avec les industriels et les gouvernements, possèdent tous les pouvoirs de décisions pour s'assurer toujours plus de profits et de richesses au détriment de la population et de l'environnement.

Comment fonctionne le système monétaire ? La richesse des banques se trouve dans les emprunts qu'elles nous vendent. Or un prêt n'est rien d'autre qu'un chiffre écrit sur un papier et enregistré dans un ordinateur. Il disparaît aussitôt qu'il est remboursé. L'argent liquide ne représente que 20 % de la totalité. Les banques ne conservent que les intérêts des prêts pour faire fonctionner le système bancaire. Les prêts représentent donc les profits des banques.

Le système nous pousse à consommer davantage et, pour cela, à emprunter. C'est la raison même de toutes ces publicités et nouvelles technologies qui sont mises en service sans même que ne soit vérifié leur impact sur notre santé. Comme toute la richesse des banques et des industriels repose sur ces prêts, il faut que les gouvernements augmentent la croissance et la confiance sans lesquelles ces prêts ne seraient pas souscrits.

Mais notre système bien rodé, avec tous ses défauts et qualités, arrive à échéance. L'industrialisation à l'origine de l'effet de serre engendre des catastrophes climatiques qui provoquent de nombreuses destructions et, notamment, d'importantes pertes agricoles. Les pénuries et les manques d'énergie occasionnés par ces catastrophes feront exploser les prix, entraînant une perte de confiance dans la consommation. Avec l'arrêt des prêts, le système monétaire s'effondrera. Si l'humanité continue de courir après la croissance, cet effondrement sera inévitable, en raison des catastrophes climatiques.

Malheureusement, décroître volontairement pour ne plus polluer ne suffira pas : l'effondrement monétaire se produira malgré tout, car la pauvreté mettra fin aux prêts. L'argent est fait pour tourner, c'est bien connu. Son défaut est qu'il ne fonctionne que dans un seul sens, celui du toujours plus. C'est la raison du problème. Alors quand est-ce que cela arrivera ? Nul ne le sait. Seule la vitesse de la dégradation du climat, ou la conscience humaine, le déterminera.

Maintenant, j'ai une solution à vous proposer : éradiquer le profit par la force, en le rendant impossible à l'homme. L'idée serait de partager le travail entre tous afin de supprimer les productions polluantes tout en conservant le même pouvoir d'achat. Je m'explique : pour supprimer le profit par la force, il suffit de se rémunérer en pointant ses heures de travail sur son compte en banque. Lorsqu'on achète un produit, un certain nombre de minutes ou d'heures sera alors effacé de son compte. Le vendeur n'obtiendra rien lors d'une vente, car il pointera, comme tout le monde, ses heures de travail, à la fin de sa journée, pour se rémunérer.

Exemple : M. Dupond va au travail. Il note son temps de travail sur une pointeuse qui l'enregistre sur son compte en banque en minutes. Il pourra par la suite consommer avec sa carte. À la fin de sa journée de travail, il fait ses courses. Il entre dans un magasin pour acheter du pain, de l'huile, du beurre, du sel, etc., pour la somme de 150 minutes. Le gérant du magasin efface 150 minutes du compte en banque de M. Dupond en échange de ses marchandises. Et M. Dupond rentre chez lui avec ses courses. Le gérant du magasin (qui n'a donc rien obtenu en échange des courses de M. Dupond) pointera, lui aussi, ses heures sur son compte en banque à la fin de sa journée pour se rémunérer. Tout le monde peut ainsi consommer !

Seules importent les heures, que l'on soit président ou petit maçon. Il n'y a plus de profit possible pour le vendeur. Grâce à cette rémunération en heures, la société est obligée de s'unir pour partager le travail autour du même patron. Ceci permet de supprimer les industries trop polluantes et, donc, de stopper l'effet de serre, sans toutefois provoquer de pauvreté puisque le travail est partagé.

Pour conserver toujours le même pouvoir d'achat, il suffirait de diminuer le prix des marchandises, lorsque le temps de travail diminuerait. Il faut bien comprendre qu'avec l'argent, le prix de vente des marchandises ne sert qu'à se rémunérer. Avec les heures, le prix des marchandises n'a plus aucune incidence sur les salaires (puisque l'on pointe ses heures pour se rémunérer). Ainsi, ce tarif peut varier selon le temps de travail effectué.

Effectivement, si nous travaillons moins d'heures par mois pour ne plus polluer, il est tout à fait possible de diminuer le prix des marchandises pour maintenir un pouvoir d'achat équivalent. Nous travaillerions donc tous de moins en moins, sans jamais diminuer notre pouvoir d'achat.

Et les avantages vont au-delà de nos espérances ! Si on paye en effaçant des minutes de son compte en banque, il devient impossible pour un voleur de vendre son butin, puisqu'il n'y a rien à obtenir en échange. En effet, les minutes disparaissent mais ne s'échangent pas. Sans revente possible, tous les vols s'arrêteraient aussitôt. De la même façon, aucun trafic ni aucune arnaque ne pourraient avoir lieu puisque nul ne serait récompensé. Nous pourrions uniquement acheter des produits en magasin en faisant disparaître des minutes du compte en banque.

La pauvreté serait éradiquée grâce au partage du travail. En effet, tout le monde aurait un emploi, puisque cela contribuerait à diminuer le temps de travail de tous. Il en serait même fini de toutes ces guerres sur Terre. Aujourd'hui, seul le salaire motive les militaires. Avec les minutes qui disparaissent des comptes en banque, on ne peut plus surpayer les soldats pour imposer le respect de la hiérarchie au sein de l'armée. Pour tout le monde, une heure est égale à une heure, quel que soit le travail. Quel intérêt y aurait-il, alors, à choisir un métier où l'on tue ? Quitte à pointer ses heures, autant privilégier un métier sain et pacifique. En réalité, personne n'a jamais voulu de ces guerres. Seuls les profits d'argent les ont provoquées. De plus, sans argent, la vente d'armes entre pays serait impossible, puisque les heures disparaîtraient tout simplement des comptes en banque.

Dans un monde sans profit ni compétition, les hommes redeviendraient bons. Le fond du cœur renaîtrait, porté par l'amour et non la guerre. Imaginez notre vie si nous ne travaillions qu'à mi-temps pour profiter du confort de la maison et prendre le temps d'élever nos enfants. Ce serait un paradis comparé à aujourd'hui !

C'est ce que je développe dans cet ouvrage en commençant par exposer l'effondrement du système monétaire et environnemental de notre monde si nous n'opérons pas ce changement indispensable. Dans ce premier chapitre, je développerai l'idée de cette nouvelle rémunération — qui n'existe nulle part ailleurs sur la planète — permettant de conserver toujours le même pouvoir d'achat. Dans un second temps, en nous projetant dans l'ère solaire, je décrirai la possibilité d'une vie en symbiose avec la nature. Finalement, j'évoquerai le projet d'une communauté, accessible à tous, qui vivrait sans argent. Je conclurai en comparant mon projet au Nouveau Testament pour arriver au mot de la fin : « Ce sont nos enfants, les joyaux de l'humanité. »

Bonne lecture !

Notre monde

A — La suractivité humaine

Jusqu'au Moyen Âge, notre monde n'a pas beaucoup évolué. À l'époque, seul le bois était utilisé comme énergie. La plupart des habitants étaient pauvres, et, surtout, leurs activités étaient très réduites. Tout se faisait à proximité. Les pays vivaient en autonomie et les voyages étaient rares.

Depuis l'ère industrielle, et grâce aux énergies, nous vivons dans un autre monde. Avec le charbon, le gaz, le pétrole et le nucléaire, les hommes ont cru pouvoir lutter contre la pauvreté en inventant l'industrialisation. Malheureusement, la mondialisation industrielle et agricole a conduit à une surconsommation des énergies, à une suractivité liée aux déplacements et à une surproduction sur l'ensemble de la planète. Résultat, nous subissons un énorme effet de serre, un dérèglement climatique, des catastrophes naturelles (sécheresses, brasiers, inondations, ouragans, tornades, etc.), une perte de la biodiversité et toujours plus de pauvreté dans le monde. En deux mots : un échec !

Mais ce n'est que le début… La température de la planète ne cesse d'augmenter et pourrait atteindre 4 °C de plus que la normale en l'an 2100. Les glaces polaires ayant déjà commencé à fondre, l'océan pourrait monter de plus d'un mètre. De ce fait, les fleuves ne pourront plus s'évacuer correctement à marée haute. Les pluies doubleront en intensité, car, avec l'augmentation des températures, l'océan s'évaporera davantage. En ville, les inondations feront déborder les cuvettes et les points d'eau. Les rues et les métros seront submergés. Dans un siècle, la vie urbaine deviendra infernale.

Depuis l'an 2000, nous avons assisté à au moins une catastrophe climatique par an. Ce pouvait être une tempête, une inondation ou une sécheresse. Aujourd'hui, en 2024, nous essuyons près de dix catastrophes climatiques par an dans le pays : des sécheresses, des brasiers, des inondations ou des tempêtes avec tornades. En 2050, une catastrophe climatique par semaine est à prévoir, soit cinquante par an dans le pays. Sans un arrêt de notre suractivité démesurée, l'an 2100 enregistrera une catastrophe climatique par jour, soit 300 catastrophes par an, et ceci, sur l'ensemble du globe.

Aujourd'hui, si nous ne décidons pas, nous-mêmes, de stopper cette suractivité, elle s'imposera à nous dans un siècle. Le danger sera omniprésent sur la planète. Il en sera fini des vacances à l'autre bout du monde et des déplacements inutiles. Il n'y aura de toute façon plus d'argent dans les caisses de l'État pour maintenir cette suractivité. Ce sera le retour à la case départ : la pauvreté du Moyen Âge.

Pourquoi ? Parce que ce n'est pas l'argent qu'il faut partager. L'industrialisation ne nous a promis que de l'argent, laissant de côté ceux qui ne travaillaient pas, séparant ainsi les riches des pauvres dans tous les pays du monde. C'est le travail qui doit être partagé ! Tous unis autour du même patron. En partageant le travail, nous pourrions supprimer les industries trop polluantes pour diminuer l'effet de serre et le temps de travail, tout en conservant le même pouvoir d'achat (qui reste à inventer).

Ne croyez surtout pas que les énergies sont la cause du réchauffement climatique. Vous commettriez une grave erreur qui pourrait nous coûter très cher. La cause du réchauffement climatique n'est pas l'énergie, mais la suractivité débordante de l'humanité. Au Moyen Âge, tous les pays étaient autonomes et les gens se déplaçaient peu. À l'époque, il y avait des feux de forêt, des volcans, tout le monde brûlait beaucoup de bois, car rien n'était isolé. Et pourtant, il n'y avait pas un excès d'effet de serre. Aujourd'hui, la suractivité et la multiplication des déplacements entraînent la production de très grosses voitures, de très grosses batteries, de camions et d'avions par millions, de bateaux gigantesques… Leur fabrication mobilise des milliards de panneaux solaires et d'éoliennes… que du CO_2 ! Inspirons-nous à nouveau du Moyen Âge en établissant un système de vie qui permettrait à tous de travailler à proximité. Les déplacements seraient ainsi plus courts et donc plus lents. Il faut imaginer des pistes cyclables dans toutes les campagnes et une seule voiture légère par famille.

Ce nouveau système, basé sur l'autonomie des pays, diminuerait la suractivité humaine, car il ne serait plus nécessaire de fabriquer de grosses voitures, des camping-cars, des avions, des porte-conteneurs, des yachts, des pétroliers, des armes de guerre, etc. Bref, tout ce qui ne sert à rien. Je vous vois tout de suite bondir à cause du chômage !

Évidemment, une telle diminution de notre activité humaine mettrait à mal notre système monétaire. Depuis le début de l'ère industrielle, seule la croissance permettait de lutter contre la pauvreté. Or la croissance impose de produire toujours plus que l'année précédente pour que la population consomme davantage. Ce « toujours plus » nous a peu à peu amenés à la suractivité actuelle. Et si nous continuons, elle sera encore plus importante demain. C'est une fuite en avant, connue de tous les politiques, que personne n'ose arrêter, de peur de toucher au porte-monnaie. La croissance imposée par l'argent provoque la suractivité. Tout le monde trouve cela merveilleux… Mais avec un tel système de surconsommation, l'effet de serre ne cessera d'empirer. L'énergie n'est pas en cause ! Elle n'est que l'outil de la croissance.

Les énergies renouvelables sont indispensables. Elles sont les plus propres. Mais si nous persistons dans cette logique de suractivité, elles ne changeront rien. Aujourd'hui, nous avons besoin d'un nouveau système de rémunération, plus juste et plus moderne, qui nous permette de supprimer les productions polluantes non vitales, afin de diminuer le temps de travail sans amoindrir le pouvoir d'achat. C'est un système de partage. Ce système existe. Voyons seulement si nous avons encore le temps de le mettre en place.

B — Il n'est pas trop tard

L'effet de serre est un élément indispensable au développement de la vie. Sans cet effet de serre, la vie ne serait jamais apparue sur Terre. Ce sont les volcans qui, par leur activité, ont permis de déclencher la vie. Grâce à eux, nous pouvons admirer la beauté des différents paysages que dame Nature, notre planète, nous offre. Merci !

Mais dame Nature avait des idées bien plus ambitieuses que la seule création des volcans. Elle a également songé à l'expansion de l'atmosphère, à son rythme à elle, pour nous apprendre à vivre. Effectivement, si les volcans ont craché des tonnes et des tonnes de CO_2 à la formation de la Terre, il fallait que cette atmosphère s'agrandisse progressivement pour ne pas trop chauffer la planète et pour stabiliser la vie afin qu'elle dure pour l'éternité.

Certes, elle a mis en place cette expansion dans son intérêt, à elle, afin que la vie se développe, car la préoccupation première de dame Nature sera toujours de défendre la vie. Mais le rythme lent avec lequel l'expansion doit se produire a été pensé dans notre intérêt, à nous. L'effet de serre actuel est ainsi causé par la vitesse de notre suractivité. Il nous est néfaste, car nous, les Hommes, sommes liés à la nature et nous devrions nous accorder à son rythme. Heureusement, dame Nature est là ! Elle va nous rappeler à l'ordre et nous réapprendre à vivre selon son tempo.

Si nous maintenons cette suractivité, supprimer le charbon, le gaz et le pétrole ne suffira pas à réduire l'effet de serre. La suractivité couplée à la croissance signifie toujours plus d'usines et de CO_2. Certes, les panneaux solaires et les éoliennes ralentissent le processus, mais dans vingt ans, si nous cherchons encore de la croissance, nous devrons toujours augmenter la quantité d'énergie. Alors, l'effet de serre redeviendra identique. Le stockage du CO_2 dans la terre ne sera un jour plus possible : il sera forcément limité dans le temps. Et alors, gare aux tremblements de terre !

La solution de dame Nature sera de nous enseigner à travailler selon son rythme essentiellement lent. Les énergies naturelles comme le soleil et le vent ne produisent que par intermittence. En prenant exemple sur la nature, nous devrons, nous aussi, apprendre à travailler et à nous déplacer par intermittence. Cela signifie que, lorsqu'il n'y aura pas d'énergie avec le soleil ou le vent, personne ne travaillera ni ne se déplacera. Seuls seront autorisés les travaux manuels et les trajets à pied ou à vélo.

La nature offre beaucoup d'énergie. C'est à nous d'en profiter pour travailler en respectant le rythme de dame Nature. Cela nous laissera davantage de temps pour nous occuper de nos enfants, ces joyaux de l'humanité qui nous demandent d'être plus responsables et attentionnés.

Vous allez très vite le comprendre. Le rythme est l'enseignement même de dame Nature, celui par lequel nous remplacerons l'argent par le temps, pour obtenir le partage, l'égalité et enfin la gratuité. La fin de la pauvreté et de la pollution redessinera notre avenir sur Terre, car, dans un ou deux siècles, ce changement s'imposera à nous : vivre selon l'utilité, grâce au temps et non plus grâce à l'argent.

Changer le système

A — La société d'utilité

1 — Tous unis, en commun, pour ne faire qu'un.

Pour bien comprendre ce changement de société, il convient d'abord d'assimiler ce que sont l'argent et l'ère industrielle. Avant l'ère industrielle, c'était à peu près le Moyen Âge. Chacun travaillait pour soi et gagnait de l'argent pour vivre. Le système de l'argent impose ce « chacun pour soi », récompensant celui qui en possède le plus.

Aujourd'hui, l'argent est un moyen d'échange qui, à cause de ce « chacun pour soi », met en concurrence de nombreuses industries, provoquant, par la même occasion, des faillites et des licenciements. Ce sont là les limites de l'industrialisation qui, par les effets de la concurrence, cause, un jour ou l'autre, du chômage. Pour lutter contre ce chômage, les gouvernements s'évertuent à augmenter la croissance et, par conséquent, la surconsommation et la suractivité. Résultat : les pollutions augmentent et l'effet de serre s'aggrave. La solution réside pourtant dans le partage du travail qui permet de supprimer les productions les plus polluantes sans toucher au pouvoir d'achat.

Jusqu'au Moyen Âge, l'argent ne provoquait que de la pauvreté : la vie pouvait donc durer. Or, avec l'industrialisation, ce même argent provoque désormais de l'effet de serre qui n'aboutit qu'à la destruction. Seules deux solutions s'offrent à nous : arrêter l'industrialisation ou arrêter la cause (l'argent) en utilisant un autre système.

L'industrialisation a changé nos vies. Tout ce que nous utilisons ou consommons vient des industries. De la plus petite fourchette à la plus grosse voiture, tout vient des usines. Le travail a également changé avec l'apparition du travail à la chaîne. Une industrie c'est le contraire du « chacun pour soi ». Elle sollicite toute la population pour fonctionner. Elle a besoin des ouvriers pour faire fonctionner sa chaîne, et de la population pour écouler les produits.

Il n'est donc pas nécessaire de multiplier les entreprises. Il n'en faudrait qu'une seule qui comporte plusieurs industries. Ainsi, main dans la main, nous produirions tout ce dont nous avons besoin. Si une industrie s'arrêtait (car trop polluante, par exemple), les employés seraient mutés dans une autre industrie. Ainsi, le temps de travail de toute la population diminuerait.

Avec le partage du travail, il suffirait de lever le petit doigt pour avoir un emploi. Le chômage n'existerait plus. Les problèmes de pauvreté et de pollution seraient résolus. L'État (le gouvernement) deviendrait le patron des industries et des entreprises. Les mairies de chaque commune géreraient la distribution des postes pour qu'ils demeurent à proximité des travailleurs. Quelques ouvriers dirigeraient les usines pour tous les employés.

Il ne reste plus qu'à trouver la juste rémunération qui permette de conserver le même pouvoir d'achat en cas de diminution du temps de travail, et l'ère industrielle serait parfaite. Pour mettre fin au « chacun pour soi », la rémunération serait forcément commune, égale pour tous, puisque nous avons tous les mêmes besoins.

2 — La nouvelle rémunération : les minutes-temps

Pour payer une marchandise, on utilise un chiffre qui s'appelle, par exemple, euro en Europe, dollar en Amérique. Que l'on paie avec des euros, des francs, des dollars, etc., c'est bien avec le chiffre inscrit sur les billets que l'on paie. Si la marchandise vaut 10 euros, on donne 10 pour l'obtenir.

Il existe sur Terre deux moyens de chiffrer le travail : l'argent et le temps. Entre ces deux valeurs, la différence est colossale.

L'argent

L'argent est une chose que l'on peut toucher de ses propres mains. On peut le prendre ou le transférer d'un compte à un autre. Voilà pourquoi il peut être volé et trafiqué. Depuis une éternité, c'est ce que nous voyons et entendons aux informations : il est sans cesse question de vols, de trafics, d'arnaques et de profits.

Le temps

À l'inverse, le temps, lui, ne se touche pas avec les mains. Après une dure journée de labeur, le temps passé disparaît pour laisser place au temps présent. Ainsi, pour payer une marchandise avec le temps, il suffirait de faire disparaître (volatiliser) des heures ou des minutes du compte en banque. Le vendeur n'obtiendrait rien en échange, mais il pointerait ses heures de travail sur son compte en banque à la fin de sa journée. Tout le monde ferait ainsi et utiliserait ses minutes pour payer dans les magasins.

Avec ce nouveau système, il n'y a pas d'échange entre l'acheteur et le vendeur. Ce n'est qu'un droit à la consommation, obtenu avec les minutes accumulées par le travail effectué. La marchandise vaudrait un certain nombre de minutes qui, à chaque achat, disparaîtraient du compte en banque du consommateur. Présidents comme ouvriers, nous serions tous égaux en salaire puisque seules les heures de travail seraient comptabilisées sur le compte en banque.

Mettre en place cette nouvelle rémunération s'avérerait très facile avec les nouvelles technologies. Il suffirait de créer des comptes dont les chiffres s'effaceraient après chaque achat. Il serait impossible de les transférer ou de les mettre dans sa poche.

Cette nouvelle rémunération s'appellerait les minutes-temps puisque la plupart des consommations coûteraient quelques minutes. Une minute pourrait tout à fait être égale à un euro.

Puisque les malfaiteurs ne pourraient rien obtenir en échange de leurs crimes, il en serait fini des vols, des trafics, des arnaques, de la prostitution, des profits, etc. Seul un travail dans la société permettant de pointer ses heures ouvrirait le droit à la consommation. En cas de vol de voiture, par exemple, il serait impossible pour le voleur de revendre son butin. Comme les minutes disparaissent des comptes à chaque achat, il n'existe pas de minutes en pièce ou en billet. Les paiements ne s'effectueraient que par carte. Le voleur ne pouvant rien obtenir en échange de son vol, il serait contraint de travailler pour obtenir les minutes nécessaires à toute consommation.

Avec la volatilisation des minutes-temps disparaît également la possibilité de réaliser ces profits responsables des pollutions actuelles. Les lobbys du pétrole, des énergies, des industries, de l'agriculture, etc., n'auront plus comme objectif d'amasser d'importantes sommes d'argent. Vous allez me dire : s'il n'y a plus de profits, il n'y a alors plus de bénéfices ?

3 — L'organisation de la production

À peu près la moitié de la population du pays travaillerait pour les recherches et les investissements que le gouvernement jugerait nécessaires, tout en pointant ses heures. L'autre moitié de la population produirait ce dont l'ensemble de la population aurait besoin, en pointant ses heures également. Ainsi, toute la population consommerait avec ses minutes accumulées en banque.

Le partage du travail permet à la fois le plein-emploi et la diminution du temps de travail. C'est l'avantage de ce nouveau système. Supprimer les industries trop polluantes sans créer du chômage devient aisé. C'est le temps de travail par personne qui diminue. Cette décélération de l'activité humaine diminuera, de fait, la pollution.

Nous ne serons plus obligés de construire des avions, des yachts, des porte-conteneurs, des armes de guerre, et bien d'autres productions ! Voilà pourquoi j'appelle ce nouveau système « la société d'utilité ». Pour sauver l'humanité des catastrophes climatiques et de la perte de la biodiversité, ce système fait le choix conscient d'une diminution du temps de travail, du ralentissement de l'activité humaine et d'une production axée seulement sur l'utile. Les armes de guerre, par exemple, seront considérées comme inutiles. Avec les minutes-temps et la disparition des profits, l'État n'aura pas accumulé de trésorerie pour payer son armée. Sans profits, pas de guerres ! Le peuple qui vote serait véritablement celui qui commande puisque nous serions tous égaux en salaires et, donc, libres ! Dans cette société d'utilité où le temps de travail serait moindre, les familles seraient principalement occupées à l'éducation des enfants.

Puisqu'il n'est pas possible d'augmenter la valeur de son travail, un point reste à élucider : diminuer le temps du travail tout en conservant le même pouvoir d'achat. Et nous aurions le paradis !

4 — Le pouvoir d'achat

Avec la société d'utilité, le salaire est simplifié : pour tout le monde, il équivaut au nombre d'heures travaillées. Peu importe le métier effectué, nous serons tous égaux en salaire.

En réalité, nous avons tous les mêmes besoins : manger, se loger, se laver, s'habiller, se déplacer, travailler, etc. Personne ne peut prétendre avoir plus de besoins qu'un autre, car nous sommes, tous, identiques, constitués de chair, de sang, de bras, de jambes, d'un corps et d'une tête. Ces soi-disant différences qui nous opposeraient, et qui nous font souffrir, ne sont en réalité dictées que par l'argent. En effaçant ces différences, les conflits, les révoltes et les manifestations seront forcément moindres. Voilà pourquoi le pouvoir d'achat doit être le même pour tous ! Nous appartenons tous à l'espèce humaine et nous avons le devoir d'apprendre à partager notre planète si petite.

Maintenant, observons ce salaire constitué par les heures de travail. Il ne change jamais sauf si l'État décrète une augmentation ou une diminution du temps de travail. Par conséquent, pour conserver le même pouvoir d'achat, il faut agir sur le prix des marchandises. Quelle serait alors la valeur des choses avec les minutes-temps ?

Avant d'aller plus loin, rappelez-vous que l'argent représente une chose concrète qui peut se toucher avec les mains alors que les minutes-temps représentent le temps passé, le travail déjà effectué. Elles sont immatérielles et disparaissent dès qu'elles sont consommées. La différence entre l'argent et les minutes-temps est abyssale.

Avec l'argent, c'est le prix des choses qui rémunère le vendeur. Donc si les ventes sont mal gérées, ou si l'argent (qui n'est qu'une chose) est mal géré dans l'entreprise, alors c'est la faillite assurée pour l'entreprise, puisque les employés sont payés avec ce même argent.

Avec les minutes-temps, peu importe le prix des choses, puisque le vendeur se rémunère lui-même en pointant ses heures (les faillites sont impossibles). Le prix des marchandises, dans ce cas-là, ne sert qu'à ajuster le pouvoir d'achat pour qu'il réponde aux besoins moyens de la population. Lorsque les autorités diminuent le temps de travail, elles diminuent aussi le prix des marchandises. Comme ce prix ne détermine pas la rémunération des ouvriers, il n'a pas d'impact sur l'entreprise.

Imaginons, par exemple, dans ce nouveau système de rémunération, que les gouvernements suppriment les avions pour réduire l'effet de serre par la décroissance. Il y a environ 90 000 employés à l'aéroport de Roissy, sans compter ceux des autres aéroports de France et ceux dédiés à la fabrication des avions (fonderies, montages et transports, etc.), soit environ un million d'emplois à reporter sur d'autres industries utiles (voitures électriques, vélos, nourriture, etc.) pour continuer de garantir le plein-emploi. Le temps de travail qui était, disons, de 100 heures par mois passerait à 90 heures mensuelles pour tout le monde (soit 10 % de moins). Le prix des marchandises serait lui aussi diminué de 10 % afin de conserver le même pouvoir d'achat. Comme personne ne se rémunère avec le prix des marchandises, cette baisse des prix n'aurait aucun impact sur les salaires.

Inversement, si une production doit être augmentée, le temps de travail de toute la population serait rehaussé, en déplaçant certains ouvriers volontaires pour répondre au besoin de cette production. Pour conserver le même pouvoir d'achat, les autorités augmenteraient le prix des marchandises.

Faisons une simulation en comparaison avec l'euro. Dans ce nouveau monde, le temps de travail pourrait être de 100 heures par mois. À la fin du mois, M. Dupond percevrait un salaire équivalent à 100 heures, soit 6000 minutes sur son compte en banque. Dans notre monde actuel, j'estime le salaire moyen à 2000 €. On s'aperçoit que M. Dupond percevrait un salaire trois fois plus élevé. Il faudrait donc multiplier par trois le prix des marchandises pour que le salaire de 6000 minutes équivaille au salaire moyen de 2000 €.

Poursuivons cette simulation pour comprendre l'action sur le pouvoir d'achat. Un litre de lait vaut, aujourd'hui, environ 1 €. Donc, M. Dupond, avec ses 100 heures par mois, soit 6000 minutes en banque, paierait son litre de lait 3 minutes que le vendeur ferait disparaître de son compte. Si le temps de travail était de 67 heures par mois, soit 4000 minutes, M. Dupond paierait son litre de lait 2 minutes.

Maintenir le pouvoir d'achat devient ainsi très aisé. La régulation se ferait simplement par le partage du travail et la fixation des prix et non plus par l'accumulation d'argent.

Le prix des marchandises étant libre, si une consommation supplémentaire était jugée indispensable par l'État (comme le chauffage solaire, par exemple), le pouvoir d'achat serait tout simplement augmenté pour permettre son accès à tous. Il suffirait d'augmenter le temps de travail pour pouvoir produire ce surplus de consommation jugé indispensable. Cela ne répondrait plus à une question d'offre ou de demande, mais de nécessité pour améliorer la vie, la santé et l'environnement.

N'oublions pas la puissance des ordinateurs. Aujourd'hui, ils sont capables de résoudre des milliards de calculs à la seconde. Gérer la répartition du travail de tout le pays est tout à fait réalisable. D'autant plus que, demain, nous devrons produire que de l'utile pour résoudre le problème de l'effet de serre, ce qui divisera par trois ou quatre la quantité de travail par rapport à aujourd'hui.

Pour pointer les heures et comptabiliser les minutes-temps, les ordinateurs sont indispensables. Ainsi, toutes les misères dues à l'argent qui se sont abattues sur Terre depuis une éternité (guerres, pauvreté, etc.) n'auraient pu être résolues auparavant, car pour changer ce système, nous avions besoin des ordinateurs. Ceci est très paradoxal. L'industrialisation pollue, mais nous offre, dans le même temps, cette technologie capable de nous mener vers la décroissance sans pauvreté.

Croyez-moi ! Les quantités de choses que nous produisons en trop et qui ne servent à rien sont absolument monumentales. La force d'une fourmilière, c'est que les fourmis travaillent toutes ensemble pour la même cause, leur survie. Demain, tous ensemble, nous œuvrerons à la diminution du temps de travail et au maintien du pouvoir d'achat afin de diminuer l'activité humaine sans perdre le confort de nos maisons. Autrement, à force de courir, toujours plus, derrière des profits et des biens matériels sans valeur, la croissance nous détruira, nous, et surtout, nos enfants. Or ils seront, sans aucun doute, les grands gagnants du système que je vous propose, car les familles retrouveront le temps de s'occuper d'eux.

5 — La mise en place de ce nouveau système

Le basculement vers les minutes-temps

Pour remplacer l'argent par les minutes-temps, l'autonomie du pays est indispensable. Avec l'industrialisation et à cause de la concurrence, les industriels se sont orientés dans des pays où la main-d'œuvre est moins chère pour augmenter leurs profits. Ces productions sont ensuite vendues dans le monde entier afin d'en tirer, encore une fois, un maximum d'argent.

Cette soif de profits engendre une quantité monstre de transports d'un bout à l'autre de la planète. C'est la mondialisation que nous vivons aujourd'hui. Ce phénomène provoque une gigantesque consommation d'énergies et une usure de matériel, soit un gaspillage qui pourrait être évité, car tous les pays, en réalité, auraient les moyens d'être autonomes dans la production de leurs besoins. Cette autonomie ferait en tous cas l'effet d'un grand bol d'air pour résoudre l'effet de serre.

Contrairement à aujourd'hui, la société d'utilité représenterait un monde de partage, car, grâce au système des minutes-temps, il n'y aurait pas de profit. Aussi, tous les biens ne se consommeraient qu'à l'intérieur de chaque pays, dans leurs magasins.

Sans moyens de paiement et donc sans moyens d'échange, vendre entre particuliers ou entre pays s'avérerait impossible. Seul l'échange de marchandises serait envisageable. D'où l'intérêt de garantir au maximum l'autonomie des pays. Si un pays venait à manquer d'une matière première ou d'un produit transformé, il pourrait procéder à des échanges avec une autre nation. Par exemple, un pays ne possédant pas de minerais pourrait en échanger contre des voitures, de l'électroménager ou de la nourriture. Les échanges ne se feraient cependant qu'en petites quantités, l'activité humaine étant réduite grâce aux minutes-temps. En récupérant des marchandises finies, le pays qui possèderait des minerais ferait ainsi diminuer le temps de travail de sa population.

Acquérir l'autonomie maximum resterait la priorité absolue du pays avant de basculer dans le nouveau monde. Tant que nous fonctionnons avec l'argent, cette quête ne sera pas difficile à mener puisqu'elle créerait de l'emploi. L'État devrait ainsi anticiper et produire dans les usines du pays l'ensemble des besoins de la population pour que les emplois soient conservés, le jour où les minutes-temps remplaceront l'argent. Il ne restera plus qu'à pointer nos heures au lieu de recevoir des chèques. Les économies en euros de chacun seront transformées en minutes-temps. Par exemple, M. Dupond possède aujourd'hui 100 000 € d'économie en banque. Du jour au lendemain, il possédera 100 000 minutes-temps sur son compte à la banque. Toutes les dettes seront effacées à tout jamais afin que la société reparte à zéro. Les emprunts réalisés à l'époque de l'argent seront également annulés, car un gros emprunt réalisé avec un gros salaire en argent ne pourrait pas être remboursé avec un salaire moyen et universel en minutes-temps. Celui qui ne possède pas de compte en banque en recevrait un afin de pouvoir travailler et pointer ses heures.

Évidemment, les milliardaires conserveraient leurs milliards de minutes-temps et ne seraient pas obligés de travailler pour vivre. En revanche, elles disparaîtront au fil du temps. Même s'ils travaillaient, ils ne pourraient renouveler leur richesse puisque l'idée même du profit aura disparu. Comme les minutes-temps ne pourront être transmises à d'autres, elles disparaîtront avec eux, à leur décès. Seules les choses matérielles, comme une maison ou une voiture, pourront être léguées en héritage.

Le rôle de l'État

Il faut bien cinquante ans de préparation avec l'argent pour acquérir l'autonomie du pays, avant de faire le basculement de l'argent en minutes-temps. Le jour J, automatiquement, tous les euros se transformeront en minutes-temps.

Mais pas d'inquiétude ! Le jour du basculement en minutes-temps, les économies et les emplois seront conservés. Celui qui ne possède rien pourra du jour au lendemain commencer à travailler pour pointer ses heures. Les retraités et les personnes handicapées obtiendront des heures comme pension. Personne ne manquera de rien. Tout le monde conservera son emploi et deviendra ouvrier de l'État. Les patrons seront les dirigeants et pointeront leurs heures de travail tout comme leurs ouvriers. Les mairies s'occuperont de placer les sans-emplois sur des postes disponibles à proximité.

À partir de là, grâce à la performance des ordinateurs, le gouvernement assurera la gestion. Premièrement, il répertoriera et supprimera les productions du pays inutiles afin de décroître sans pauvreté en replaçant les ouvriers des usines supprimées vers d'autres productions et en diminuant le temps de travail de toute la population. Deuxièmement, il évaluera le temps de travail pour que le salaire demeure dans la moyenne. Troisièmement, il fixera le prix des marchandises de telle sorte que le pouvoir d'achat reste inchangé.

Avec le système des minutes-temps, la société s'apercevra bien vite que de nombreuses productions sont inutiles. Parmi elles figurent :

- Les avions, car les trains, les bus et les bateaux suffisent ;
- Les camping-cars trop lourds et trop énergivores, car les mobiles-homes suffisent et ne se déplacent pas ;
- Les armes de guerre, car il n'y a pas de guerre sans argent ;
- Les yachts puisque tout le monde vivra avec le même pouvoir d'achat ;
- Les porte-conteneurs puisque les pays seront autonomes ;
- Les pétroliers puisque tout le monde roulera en voiture électrique ;
- Les maisons secondaires, car une seule suffit ; etc.

Ce n'est pas une question de restriction. Il en va de la survie de nos enfants ! Le bonheur ne réside pas dans les profits qui nous font courir, qui nous fatiguent et nous font perdre notre temps. Non ! Le bonheur se situe auprès de nos enfants, dans le confort de la maison, dans ce temps de repos que nous offrira, enfin, la diminution du temps de travail.

6 — Détails pratiques

Les prêts

Avec les minutes-temps, il est toujours possible de faire des prêts à la banque, pour l'achat d'une voiture, par exemple. Pour cela, des minutes-temps sont versées sur votre compte et, petit à petit, déduites du salaire. Le remboursement du prêt oblige ainsi à travailler et à diminuer sa consommation. Les prêts ne dépassent jamais 25 % du salaire.

Si quelqu'un arrêtait de travailler avec un prêt en cours, la banque retirerait le restant dû. Si la personne n'avait plus de minutes-temps sur son compte, il lui serait impossible de consommer dans les magasins. Elle vivrait de chasse, de pêche et de cueillette et pourrait retravailler dès qu'elle le voudrait pour finir de payer son emprunt, avec la possibilité de consommer à nouveau dans les magasins. Ce serait la liberté !

Les études

Dans la société d'utilité, tous les étudiants posséderaient une carte avec un compte en banque pour pouvoir consommer. Leur banque leur donnerait des minutes en fonction du temps de travail décrété dans le pays. Le temps de travail serait légèrement augmenté, pour tout le monde, afin de produire ce que les étudiants consomment.

Le temps de travail

Le temps de travail dans la société d'utilité correspondrait à un mi-temps, et ce, grâce à la suppression des productions inutiles. C'est pourquoi, dans ces conditions et pour plus de commodité, chaque poste de travail serait assuré par deux personnes, idéalement par un couple. Le travail serait organisé six jours par semaine et six heures par jour, de 10 à 16 heures en continu, pour profiter de l'énergie solaire et du zénith de 13 heures.

Par exemple, chez le couple Dupond, l'homme travaillerait six heures le lundi, le mardi et le mercredi et sa femme, six heures le jeudi, le vendredi et le samedi, excepté les jours sans énergie solaire. En effet, la société d'utilité fonctionnerait principalement avec l'énergie solaire. Les jours sans soleil seraient des jours de repos.

Calculons maintenant le salaire en fonction des heures. Six heures multipliées par trois jours représentent 18 heures par semaine, soit 75 heures par mois. Le salaire serait donc de 4500 minutes-temps. Le salaire moyen étant de 2000 €, le prix des marchandises serait multiplié par 2,25 par rapport aux prix actuels. En effet, 4500 divisés par 2,25 font 2000.

L'avantage de travailler à mi-temps en couple, c'est qu'il y a toujours un parent présent pour les enfants lorsqu'ils vont à l'école, à la crèche (à partir de six mois) ou pendant les vacances. Cette disponibilité améliorerait grandement les relations avec les enfants pour notre plus grand bonheur. Chaque poste de travail est tenu à deux, pour que la semaine soit complète.

Dans la société d'utilité, la place de président de la République serait aussi assurée par deux personnes qui se partageraient le travail. Les présidents se feraient donc élire, la plupart du temps, en couple. Les présidents comme les ministres vivraient de la même façon que le peuple, avec le même salaire en minutes-temps. Placés au même rang que la population, ils appréhenderaient bien mieux les différentes problématiques qu'elle rencontre. Ainsi toutes les lois proposées les concerneraient directement.

L'échelle de valorisation

Avec l'argent, beaucoup de gens travaillent à l'usine sans vraiment aimer leur métier, mais ils le conservent malgré tout par peur de perdre leur salaire ou de se retrouver au chômage. Les minutes-temps instaureraient une échelle de valorisation du travail, du plus basique au plus plaisant, laissant toutefois un choix libre aux volontaires.

Comment fonctionnerait cette échelle ? Prenons l'exemple de l'usine. Un jeune commencera toujours au bas de l'échelle en sachant qu'il sera promu, par la suite, sur des postes plus plaisants comme chef de secteur — s'il le souhaite, bien sûr. Par la suite, il pourra, selon son souhait, changer de métier pour se retrouver dans un magasin ou dans un bureau. Lorsque des travailleurs cessent leur activité (retraite ou décès), des places sont libérées. L'échelle de valorisation peut donc évoluer. Les travailleurs avancent d'un cran, de l'emploi le moins agréable (lorsqu'ils sont jeunes) vers un emploi toujours plus plaisant afin de se retrouver, dix ans avant la retraite, sur le poste le moins fatigant possible.

Exemple d'une évolution de carrière en usine :

- À 20 ans = travail manuel en usine.
- À 30 ans = chef de secteur en usine.
- À 40 ans = magasinier.
- À 50 ans = bureau.
- À 60 ans = formateur.

Exemple d'une évolution de carrière sur des postes à responsabilité :

- À 20 ans = clerc de notaire.
- À 30 ans = notaire.
- À 40 ans = avocat.

- À 50 ans = juge.
- À 60 ans = président de la République.

D'autres parcours seront, bien sûr, réalisables et les volontaires ne manqueront pas. Pour les métiers particulièrement pénibles, le temps de travail sera diminué même si le nombre d'heures payées demeurera identique au reste de la population. Mais, en aucun cas, il ne sera possible de doubler ses heures, puisque cela ouvrirait la porte vers une surconsommation nuisible à l'environnement.

L'agriculture

Les agriculteurs seront des ouvriers. L'État fournirait le matériel, fabriqué par une autre partie de la population. L'ensemble du territoire sera exploité en agriculture biologique. Comme le bio produit moins que l'intensif, il faudrait augmenter les surfaces cultivées, et ce, grâce à la suppression des productions inutiles.

Nuisibles à notre santé, l'alcool et le tabac, par exemple, seront considérés comme des productions inutiles, tout comme les fleurs et certains fromages. La suppression de ces productions permettra d'agrandir les surfaces agricoles. Par ailleurs, les panneaux photovoltaïques ne devront pas occuper les champs, mais seulement les toits des bâtiments.

La gestion des arbres

Les haies et les forêts seront gérées par l'État de façon à doubler leur potentiel. Aujourd'hui, des forêts disparaissent pour des profits d'argent. Avec les minutes-temps et l'impossibilité de réaliser des profits, les forêts équatoriales seraient épargnées.

La robotisation au service des hommes

Les valeurs de la société d'utilité, qui a renoncé aux profits, reposent sur la diminution du temps de travail sans perte de pouvoir d'achat, et sur la qualité des relations familiales. Dans un futur lointain, cette nouvelle société aura donc tout intérêt à robotiser le travail au maximum. C'est pourquoi, lorsque l'effet de serre sera contenu, des robots de toutes sortes, sans cesse modernisés, achèveront de diminuer davantage le temps de travail sans impacter le pouvoir d'achat. Dans les usines et dans les champs, des robots de forme humaine remplaceront, peu à peu, les travaux pénibles que nous effectuons aujourd'hui. Plus personne, par exemple, ne travaillera dans les usines. Seule une surveillance avec une maintenance suffira à les faire fonctionner.

Pour conserver des relations humaines dignes de ce nom, les services à la personne ne seront pas concernés par cette robotisation du travail. Grâce à la diminution du temps de travail, le personnel sera suffisant pour assurer ce genre de travail.

La retraite

Le bonheur et l'avenir des enfants seront la priorité de la société d'utilité. La retraite sera donc prise, en règle générale, le plus tard possible afin d'augmenter la quantité de main-d'œuvre pour que les jeunes parents aient plus de temps auprès de leurs enfants. Retarder le départ en retraite ne sera pas pénible dans cette société puisque, grâce à l'échelle de valorisation et à la mise en place du mi-temps permanent, le travail sera moins fatigant. De plus, conserver une petite activité maintient la forme physique et le contact avec autrui.

Lorsque la personne ne pourra plus travailler, la banque lui versera des minutes pour continuer de consommer ce que le reste de la population produit.

Les congés

Pour les vacances, les entreprises pourront fermer trois semaines l'été afin que la population profite du soleil. La banque versera des minutes à la place du salaire. Ces minutes ne seront pas remboursables. Les stocks réalisés sur le reste de l'année compenseront la baisse de la production. En hiver, comme l'énergie solaire est moindre, les mois de décembre et janvier seront chômés dans les usines afin de concentrer les efforts sur les missions urgentes ou indispensables dans les hôpitaux ou les fermes, par exemple.

Impôts, taxes, TVA, charges

Avec les minutes-temps, le salaire est net. Il n'y a ni impôts, ni taxes, ni TVA, ni charges. Ils sont remplacés par le temps de travail d'une partie de la population.

Avec le système monétaire, les gouvernements se servent des impôts, des taxes, de la TVA et des charges pour se payer, payer les écoles, payer les mairies, payer la santé, payer tous les fonctionnaires, etc. Dans la société d'utilité, la population est répartie en deux parties à peu près égales :

- **Les services gratuits** : il s'agit des emplois dans le gouvernement, les mairies, les écoles, les hôpitaux, etc., qui œuvrent à ce qui ne peut se vendre. Sont également concernés les emplois qui permettent la production du matériel nécessaire à ces services ou aux fermes comme les machines, les robots, les tracteurs, les camions, les bâtiments… en bref, tout ce dont le gouvernement a besoin pour faire travailler les employés. Toutes les personnes travaillant pour ces services gratuits pointent leurs heures comme tout le monde pour pouvoir consommer.

-   **Les emplois productifs :** il s'agit de tous les emplois qui produisent ce qui peut se vendre comme les voitures, les vélos, l'électroménager, les vêtements, l'eau, la nourriture, etc. Toutes les personnes occupant ces emplois pointent également leurs heures, comme tout le monde.

En quelques mots, les impôts, les taxes, la TVA et les charges seront remplacés, dans la société d'utilité, par l'augmentation du temps de travail de toute la population afin d'offrir ces services gratuits (cela revient à peu près au même qu'aujourd'hui, mais il n'y a rien à payer).

Tout le système de la santé, par exemple, sera gratuit. Les médecins, les infirmières, les fabricants de médicaments, etc., feront tous partie des services gratuits dont la population bénéficiera. Cela est similaire à notre Sécurité sociale actuelle à la différence près qu'il s'agit d'un travail commun où les uns travaillent pour les autres ! Je pense que vous avez compris le système maintenant !

Les personnes handicapées

Aujourd'hui, une personne handicapée avec peu de ressources est très vite pénalisée pour acheter ce qui pourrait lui faciliter la vie comme un fauteuil roulant électrique ou toute autre nouvelle technologie lui permettant de marcher. En effet, tout est payant et la Sécurité sociale ne rembourse pas l'intégralité de ces biens.

La société d'utilité, elle, est un système de solidarité dans lequel les emplois productifs assurent la fabrication de tout ce qui se vend tandis que les services gratuits produisent ce qui ne se vend pas. Demain, grâce à cette solidarité impulsée par le partage du travail et par les minutes-temps, les obstacles seront levés pour que toutes les personnes handicapées bénéficient gratuitement de ces nouvelles technologies. Les personnes handicapées retrouveront la capacité de marcher et de bouger presque normalement et accéderont, si elles le souhaitent, au droit de travailler pour participer au bon fonctionnement de la société, et ce, pour leur plus grand bonheur.

Les personnes handicapées qui voudront travailler seront rémunérées comme tout le monde, à salaire égal. Un salaire de six heures pour six heures de travail, ce qui contribuera à diminuer le temps de travail de toute la société, car ce qui est fait n'est plus à faire.

Les transports en commun

Pour des raisons écologiques, tous les transports en commun (trains, bus, métros, etc.) seront gratuits afin de favoriser leur utilisation. Leur fabrication et leur conduite feront partie des services gratuits. La gratuité des transports en commun a l'avantage d'apporter une liberté de déplacement même, aux peuples autonomes, par exemple, qui décident de vivre de chasse, de pêche et de cueillette.

L'énergie principale de la société d'utilité étant le soleil et le vent, les transports en commun ne fonctionneront pas si l'énergie renouvelable est insuffisante. De toute façon, en l'absence d'énergie, le travail sera chômé. Il y aura donc moins de raison de se déplacer.

Pour ce faire, un service émettra un bulletin météorologique spécial « transports en commun ». La population l'acceptera forcément, le service des transports étant gratuit. Si l'énergie est insuffisante, les transports en commun et les usines seront à l'arrêt. Il restera toujours un minimum d'énergie pour les déplacements proches.

L'idée est d'adopter une vie en symbiose avec cette nature qui nous donne déjà tout ce qu'elle a. C'est à nous d'être raisonnables. Si on prend trop, elle se fâche !

Les voyages

Dans ce nouveau système, les avions n'existeront plus (trop énergivores et trop polluants). Ils seront remplacés par le train fonctionnant à l'énergie solaire et au vent.

Comme les pays restent friands de main-d'œuvre pour diminuer le temps de travail de leur population, celui qui décidera malgré tout de voyager à l'étranger pourra le faire en travaillant une journée par semaine dans n'importe quel autre pays. Il pourra ainsi le visiter, grâce au train gratuit, bien sûr. Partir à l'aventure reste ainsi toujours possible.

La famille

Dans la société d'utilité, avec les minutes-temps, la pauvreté n'existera plus, puisque le travail sera partagé entre tous. La population mondiale aura désormais accès à toutes sortes de contraceptions. La natalité du monde entier pourra ainsi être consciente.

Aujourd'hui, notre activité est débordante lorsque nous travaillons. La plupart des gens courent pour aller et revenir de leur lieu de travail, souvent éloigné. Le temps de travail, de plus, est très long : 5 jours par semaine, 7 heures par jour, voire plus pour certains. Au travail, le patron demande des comptes, du résultat, du chiffre d'affaires. Un grand nombre de personnes est envahi par le stress que causent les exigences de la direction en matière de rythme et de rentabilité. Le jour de repos, lui, est souvent consacré au ménage, aux lessives, aux papiers, aux activités des enfants, etc. Beaucoup se disputent et ne s'entendent plus en couple, car ils ne supportent plus le stress lié à cette vie débordante d'activité.

Les enfants sont les premiers à souffrir des divorces ou des séparations qui en découlent, mais qui, dans la plupart des cas, ne sont pas véritablement dus au couple. La cause, encore une fois, est notre système d'argent qui, sous prétexte de croissance, ne demande que de la suractivité.

Si l'on veut une vie paisible dans laquelle chacun a le temps d'évoluer, à un rythme convenable et naturel, c'est bien le système qu'il faut changer. C'est ce qu'offre la société d'utilité. Un travail à mi-temps trois jours par semaine et six heures par jour, garanti sans chômage et effectué en couple permet de se communiquer les informations et d'élever correctement ses enfants. De toute façon, la surconsommation ne peut plus durer à cause de l'effet de serre. Alors, profitons-en pour adoucir nos mœurs en prenant le temps de vivre plutôt que de courir derrière d'inutiles profits.

7 — Banc d'essai.

Pour savoir si la société d'utilité est réalisable, il suffit de se réunir tous autour d'une table pacifiquement. Les guerres ne font qu'aggraver l'effet de serre. La situation reste inchangée, même lorsque les guerres sont terminées. C'est donc à l'ONU de rassembler les pays du monde entier pour s'accorder sur le pays qui testerait la société d'utilité. Si le test est concluant, d'autres pays pourraient transformer leur fonctionnement avec l'aide de l'ONU. Les derniers pays à basculer seront aidés par les sociétés d'utilité déjà mises en place.

Si un pays décidait d'essayer la société d'utilité à l'insu des autres, il existerait une solution ! Il lui faudrait, en effet, acquérir l'autonomie maximum, pour n'avoir que le manque de matières premières à combler (comme les minerais, par exemple). Lorsqu'un pays a bien acquis son autonomie, il ne dépend plus des autres. Pendant ce temps de préparation, il n'aura pas généré de chômage, car, en cessant de produire pour l'export, la population aura travaillé pour elle-même.

La clé pour réussir à obtenir ces matières premières inaccessibles, aujourd'hui, sans argent est de diviser le pays en deux parties égales :

- La première partie continuera à vivre comme aujourd'hui avec de l'argent. Elle servira de passerelle d'échange avec la deuxième partie du pays.
- La deuxième partie, elle, va se préparer pour opérer le basculement vers les minutes-temps. Elle doit en effet, au préalable, acquérir l'autonomie maximale. Une fois l'autonomie acquise, les euros seront convertis en minutes-temps. Peu à peu, les productions inutiles seront supprimées et le travail sera partagé. La première partie du pays qui aura conservé l'argent pourra acheter, à l'étranger, les matières premières manquantes. Elle les échangera ensuite avec la deuxième partie du pays contre des produits finis. La deuxième partie pourra poursuivre sa quête d'autonomie et ainsi montrer l'exemple : supprimer les productions polluantes, partager le travail, conserver le même pouvoir d'achat, faire disparaître la pauvreté et la pollution…

Il n'y a pas beaucoup de risques à faire un essai avec un pays. Le jour du basculement, toutes les économies en euros seront converties en minutes-temps. Si l'essai échouait, la population retrouverait ses économies en rebasculant les minutes-temps en euros.

B — La société de raison

Grâce à la société d'utilité qui aura organisé le travail partagé, il sera possible de ne plus pointer ses heures de travail à la fin de sa journée, mais seulement son acte de présence. Cela ouvrira le droit de consommer gratuitement dans les magasins. Bien entendu, il aura été nécessaire d'apprendre en amont, pendant de longues années, à consommer avec raison.

À partir du moment où nous avons participé à faire fonctionner la société, il est normal d'avoir le droit de se servir gratuitement de ce dont nous avons besoin, puisque nous avons contribué à le produire, tous ensemble. Cela diminuera davantage l'activité et la masse de travail : moins de calculs, pas de banque !

Lorsqu'on ne produit que de l'utile, personne ne peut surconsommer. La consommation devient forcément raisonnable. En effet, cela ne servirait strictement à rien de prendre dix voitures, puisque tout est gratuit et de toute façon, nous ne pourrions pas les revendre. Une personne qui posséderait dix voitures dans son garage s'encombrerait inutilement. Très vite, elle s'en apercevrait et se dépêcherait de les donner ou de les rendre.

Lorsque tout est gratuit, les vols, les trafics, les arnaques, etc., sont encore plus insensés puisque tout peut s'obtenir gratuitement en échange de sa seule présence au travail. Ce genre de paradis ne peut être accessible qu'avec le système mis en place par la société d'utilité qui aura au préalable maintenu le travail et le pouvoir d'achat. Sans cette préparation la gratuité serait impossible à obtenir.

En effet, imaginez qu'on supprime l'argent du jour au lendemain, et que tout devienne gratuit. Sans un système de partage du travail, beaucoup de gens ne travailleraient pas, mais se serviraient quand même gratuitement dans les magasins. Cela provoquerait une pénurie de produits dans le pays. Ce serait l'anarchie.

Pour obtenir la gratuité, il est indispensable d'instaurer en amont un système de travail partagé et dirigé par l'État. Ce n'est qu'à la suite d'un long apprentissage pour devenir raisonnable qu'on pourra vivre de la gratuité. Un pointage de sa présence au travail sera malgré tout nécessaire pour éviter que certains se servent gratuitement sans travailler.

Proposer de supprimer l'argent du jour au lendemain sans rien utiliser en échange serait une grande inconnue qui effrayerait, car, dans notre monde, rien ne peut s'obtenir sans argent. Si la gratuité ne fonctionnait pas, la population se retrouverait sans argent. Cet essai raté serait une véritable catastrophe.

En remplaçant le chiffre de l'argent par le chiffre des minutes-temps, les économies sont conservées. Si vous possédez 100 000 € d'économie, vous obtiendrez 100 000 minutes le jour du basculement en minutes-temps. La société aurait le temps de se préparer au partage du travail, pour obtenir la gratuité lorsque ce partage sera acquis. Si ce partage ne fonctionnait pas, les économies seraient restituées pour repartir dans la société d'argent. Celui qui avait 100 000 minutes retrouverait ses 100 000 €. Cela est quand même rassurant !

Dans ce monde de gratuité, plus personne ne craindra le chômage, puisque le travail sera partagé entre tous. Plus personne ne craindra la pauvreté, puisqu'il suffira de se servir gratuitement dans tous les magasins. Plus personne ne craindra de se faire voler, puisqu'on pourra tout remplacer gratuitement. Plus personne ne craindra les arnaques, les trafics, les profits, puisque rien ne pourra se vendre. Plus personne ne craindra la pollution, puisque l'activité humaine sera réduite à son minimum. Plus personne ne craindra les guerres, puisque, sans argent, aucun président ne pourra payer ses militaires pour constituer une armée. Dans ces conditions, personne n'aura envie d'aller tuer ou se faire tuer.

Imaginez ce monde où tout serait gratuit, où l'on ne travaillerait qu'à mi-temps pour participer au fonctionnement de la société. Imaginez ce monde sans vols ni trafics ni arnaques ni profits ni pauvreté ni pollutions ni guerres, etc. Une porte s'ouvre à nous : celle du paradis sur Terre. La vie vaudrait enfin la peine d'être vécue ! Alors, mettons-nous au travail !

L'ère solaire

A — Avant-propos

La politique solaire que je vais désormais vous présenter ne pourra se réaliser que si l'humanité remplace l'argent par les minutes-temps, en partageant le travail autour d'un seul patron, l'État. C'est aujourd'hui la seule solution pour diminuer la croissance sans retomber dans la pauvreté de l'ère préindustrielle que nous avons connue au Moyen Âge.

L'ère industrielle responsable de la croissance a permis, grâce aux industries, d'enrichir la société. S'il est indispensable de diminuer fortement la croissance pour survivre, seul le partage du travail sans perte du pouvoir d'achat peut nous sauver de la pauvreté, car de la pauvreté surgit toujours des révoltes et des guerres. En deux mots : un enfer.

Or la croissance arrive à son terme, à cause de l'effet de serre. Le simple remplacement des énergies fossiles par des énergies renouvelables ne résoudra pas l'effet de serre. Aujourd'hui, de nombreux panneaux solaires et éoliennes ont déjà été installés dans de nombreux pays, et pourtant, la part du pétrole, du gaz et du charbon n'a pas diminué. Cela signifie que le développement de ces énergies renouvelables est dicté par la croissance et par l'augmentation de la consommation. Résultat, les énergies fossiles demeurent.

Remplacer aujourd'hui les énergies fossiles par des énergies renouvelables demanderait une quantité monumentale de panneaux solaires et d'éoliennes qui devrait sans cesse être augmentée pour répondre à la croissance de demain. En 2050, l'effet de serre resterait toujours trop élevé malgré le développement des énergies renouvelables.

Le nucléaire — qui est parfois préféré par certains gouvernements — produirait, lui aussi, avec la construction des centrales, les machines et toute l'électronique nécessaire, trop d'effet de serre et trop de déchets. De plus, si tous les pays développaient le nucléaire, dans moins d'un siècle, nous manquerions d'uranium. Pourtant, cette énergie est encouragée par les lobbys du monde entier qui incitent à la surconsommation et à la croissance perpétuelle. À cela, un seul but : se faire des milliards.

Encore une fois, ce ne sont pas les hommes, les responsables de ce système, mais bien l'argent qui insuffle la soif du profit, le « chacun pour soi », la foi dans la croissance pour ne pas s'appauvrir. C'est pourquoi, avec l'argent, quelques scientifiques ont pensé avoir trouvé la solution à l'effet de serre grâce à une nouvelle énergie : l'hydrogène ! Pour ma part, l'hydrogène est pire que le pétrole. Je m'adresse ici aux scientifiques comme ceux du GIEC pour vérifier si mes doutes sont fondés. Seul le GIEC, indépendant de l'argent, peut le confirmer ! Sa responsabilité est engagée.

Premièrement, l'hydrogène vient de l'eau qui est composée de deux tiers d'hydrogène et d'un tiers d'oxygène. Pour obtenir de l'hydrogène, il faut de l'électricité dans l'eau. Mais pour obtenir l'équivalent d'un kilowatt d'hydrogène, il faut quatre kilowatts d'électricité. Il faudrait donc quatre fois plus de panneaux solaires et d'éoliennes pour produire de l'hydrogène. Alors que recharger sa voiture électrique chez soi, à l'aide de panneaux solaires, est direct et sans transport.

En réalité, pour fabriquer un kilo d'hydrogène, il faut à peu près 60 kW/h d'électricité, si l'on inclut les pertes liées à sa production, à sa compression et à son transport. Avec un kilo d'hydrogène, la voiture ne parcourt que 100 km, soit 60 kWh pour 100 km. Dans le même temps, une voiture électrique parcourt 100 km avec seulement 15 kWh. L'hydrogène couplé à la croissance rendrait donc l'effet de serre inévitable, puisqu'il faudrait quatre fois plus d'énergie.

Deuxièmement, tous les scientifiques savent qu'il est impossible de fabriquer de l'énergie. On ne peut que transformer l'énergie. C'est bien connu. Lorsqu'on fabrique de l'électricité avec du charbon, le charbon disparaît en brûlant, pour laisser place à l'électricité. Idem avec le pétrole, le gaz ou le nucléaire dont il ne reste que les déchets. De même, le vent est stoppé pour les éoliennes et le soleil est capté par le panneau photovoltaïque pour obtenir de l'électricité. À la base, l'hydrogène vient de la transformation de l'eau en énergie à hydrogène. L'eau n'échappe pas à la règle : elle disparaît pour obtenir l'hydrogène. L'obtention d'hydrogène amenuiserait donc les ressources en eau sur la planète. En conclusion, un monde où les déplacements seraient assurés par l'hydrogène ferait disparaître les océans en 1000 ou 2000 ans, selon notre utilisation.

C'est pourquoi je vous mets en garde contre les vendeurs de bonnes solutions qui ne cherchent qu'à amasser des fortunes. Ils prétendent lutter contre l'effet de serre en affirmant que les voitures à hydrogène ne rejettent que de l'eau. En réalité, elles rejettent l'eau contenue dans l'humidité de l'air que la batterie à combustible capte pour créer de l'électricité, mais elles ne rejettent pas l'eau qui a été utilisée pour fabriquer l'hydrogène.

Je le répète : un monde tournant à l'hydrogène ferait disparaître l'eau des océans en moins de 2000 ans. La vie est quand même prévue pour durer quelques milliards d'années, voire plus, si nous apprenons à nous adapter correctement aux évolutions que la nature nous offre.

Soyons sérieux ! Messieurs les scientifiques, menez les analyses et les recherches nécessaires ! L'avenir de la planète est entre vos mains !

Je peux désormais vous présenter ma politique de sobriété solaire permettant la décroissance à l'infini et la diminution de l'activité humaine sans perte de pouvoir d'achat, grâce aux minutes-temps. En symbiose avec la nature, cette vie devra compter, pour travailler et se déplacer, sur le roi de l'énergie : le soleil.

B — L'énergie solaire

Le soleil est la plus grande énergie au monde. Il représente un million de fois la Terre. Toutes les étoiles étant des soleils, l'univers en est rempli. Sans aucun doute, il est notre énergie vitale. Il est à l'origine des mondes végétal, animal et humain. Sans lui, il n'y a ni vie ni univers. Ce serait le néant. En harmonie avec sa volonté de nous éclairer sur le chemin d'une vie à la fois durable et fragile, c'est à nous de nous y conformer, avec le plus grand respect et la plus grande modestie.
Le principe de base de ma politique solaire est que toutes les habitations, en campagne comme en ville, soient autonomes en énergie et fonctionnent avec très peu de batteries. Cela est possible grâce :

- À des maisons passives comprenant au minimum 40 cm d'isolant.

- À du chauffage solaire qui est le moins consommateur.
- À des panneaux photovoltaïques utilisés en autoconsommation capables de renvoyer les surplus d'électricité vers le réseau, lorsque le soleil fournit trop d'énergie, pour permettre à la population de travailler et de se déplacer.

Dans ces conditions, et avec les minutes-temps, le gouvernement augmenterait le pouvoir d'achat, en diminuant le prix des marchandises, pour que les habitats soient rénovés. Cela permettrait à tout un chacun d'installer une isolation passive, des chauffages solaires et des panneaux photovoltaïques pour devenir autonome en énergie avec très peu de batteries.

Exemple de rénovation d'isolation

Combles isolés avec 45 cm d'isolant.

Chez moi, pour isoler ma maison de manière à la rendre passive, j'ai remplacé les deux couches de 80 mm de vieille laine de verre par quatre couches de 100 mm de laine de roche, en installant un pare-pluie sous les ardoises. J'ai rajouté une couche de 50 mm entre les chevrons et le pare-vapeur avant de recouvrir le tout de lambris. Au total, cela représente 45 cm d'isolant. J'ai remplacé toutes mes fenêtres par du triple vitrage 4x20x4x20x4. Par la suite, il faudrait encore procéder à une isolation extérieure avec du béton cellulaire de 200 mm. Sans ces exigences, les résultats ne peuvent être satisfaisants !

Pour que l'air froid ne pénètre pas dans le logement, une aération avec un double flux s'est imposée. Pour cela, j'ai construit des mezzanines à l'étage, pour placer les tuyaux du double flux dans le plancher. Lorsqu'il fait 0 °C dehors, l'air entre dans le logement à 16 °C au lieu de 0 °C.

Avant cette isolation, avec mon chauffage solaire, nous brûlions 6 m³ de bois par hiver. Désormais, nous n'en brûlons que 3 m³. Lorsque les murs extérieurs seront isolés, seuls 2 m³ de bois seront nécessaires sur toute l'année, eau chaude sanitaire comprise. Rappelons que le bois, de plus, est accessible dans tous les pays du monde.

Chauffage solaire : les panneaux thermiques.

Quatre panneaux solaires thermiques installés sur le pignon sud.

J'ai mis seulement quatre panneaux solaires thermiques sur le pignon orienté au sud parce que ma maison ne fait que 90 m² habitables. Ils servent à chauffer l'eau du ballon tampon avec le soleil.

Un ballon de 500 litres suffit pour une maison de 90 m² habitable. Un serpentin dans le bas du ballon chauffe les 500 litres d'eau grâce aux panneaux solaires thermiques. Un autre serpentin, dans le haut du ballon, fournit l'eau chaude sanitaire. La totalité des 500 litres d'eau du ballon circule dans le poêle bouilleur et les radiateurs. En rouge, ce sont les vases d'expansion.

Le gros boitier noir (cf. photos ci-dessous) représente la circulation solaire avec les indications de pressions. En bleu, c'est la gestion électronique qui contrôle les températures avec des sondes. Tout est automatique. Elle gère les panneaux solaires thermiques, le ballon tampon, le poêle bouilleur et les radiateurs.

Le ballon tampon avec la gestion électronique

C'est un poêle bouilleur à bûches, mais il en existe aussi aux granulés de bois. Pour la sécurité, ils sont dotés d'une soupape et d'un serpentin de refroidissement. L'eau du poêle circule vers le ballon pour chauffer les 500 litres d'eau. Durant sept mois, au printemps, à l'été et en automne, nous n'avons pas besoin d'allumer de feu dans le poêle. L'eau chaude sanitaire est chauffée grâce au soleil. En hiver, en maintenant la maison autour de 19 °C, nous économisons bien 30 % de bois grâce au soleil.

Fonctionnement du poêle bouilleur avec les radiateurs

Nous avons mis cinq radiateurs au rez-de-chaussée, mais aucun à l'étage. Grâce à l'isolation, et comme la chaleur monte, la température à l'étage est de 18 °C. Chaque radiateur est double et mesure 1,20 m de large par 2 m de haut. Pour avoir une grande autonomie avec le ballon tampon, il faut de grands radiateurs, parce que le chauffage solaire fonctionne mieux en basse température. Je pense que le plancher chauffant est idéal, mais, à l'époque, nous ne voulions pas casser le carrelage.

Rentabilité

Alors que notre ancien chauffage électrique consommait 6 000 watts et 2 000 watts pour l'eau chaude sanitaire, notre nouveau système enregistre 40 watts pour le chauffage solaire, eau chaude comprise. En effet, notre chauffage solaire fonctionne avec trois circulateurs électriques qui ne consomment que 40 watts chacun, en alternance seulement. Nous avons fait installer ce chauffage solaire en 2010. À l'époque, l'électricité revenait à 0,10 euro le kWh. Aujourd'hui, en 2024, l'électricité revient à 0,25 euro le kWh, et elle augmentera encore.

Avant 2010, nous chauffions notre maison grâce à un accumulateur électrique de 6 000 watts et une cheminée qui consommait 6 m3 de bois par an, lorsqu'il faisait très froid. Nous avions un chauffe-eau électrique pour l'eau chaude sanitaire. À cette époque, nous consommions 13 000 kWh d'électricité par an. Si nous n'avions pas changé de système de chauffage, nous paierions aujourd'hui 3250 € (13 000 kWh x 0,25 €) de charges. Avec notre chauffage solaire, nous ne consommons que 1 000 kWh d'électricité par an dans la maison, soit 250 € que nous versons aujourd'hui à EDF. Nous avons donc réalisé une économie annuelle de 3000 € et de 3 m3 de bois.

Mais l'argent n'est pas le plus important ! Le plus important, ce sont les économies d'électricité, car avec le chauffage solaire nous sommes passés de 13 000 à seulement 1 000 kWh, soit treize fois moins d'énergie consommée, 92 % de moins. Ce type de chauffage, avec des panneaux photovoltaïques sur les toits, offre à toutes les habitations la possibilité d'être autonome. L'État veut multiplier le nombre de centrales nucléaires. Mais avec cette diminution de la consommation électrique des chauffages de 92 %, cela ne sera pas nécessaire.

Aujourd'hui, on se rue sur les pompes à chaleur. Or même une petite pompe à chaleur consomme au moins 4000 Watts, quand le chauffage solaire n'en consomme que 40. Il faudrait donc cent fois plus de panneaux solaires photovoltaïques pour faire fonctionner les pompes à chaleur l'hiver, voire plus, l'eau chaude sanitaire n'étant pas comprise dans ce calcul de pompe à chaleur. Remplacer les chauffages au fioul ou au gaz et les radiateurs électriques par des pompes à chaleur est donc une aberration monumentale. Le chauffage solaire est sans discuter le plus rentable.

La solution pour être autonome est donc d'investir dans un chauffage solaire, qui fonctionne grâce aux panneaux thermiques et photovoltaïques, couplé à une forte isolation pour ne brûler que très peu de bois.

Les photovoltaïques

Je possède chez moi quatre panneaux photovoltaïques ! Ils ont chacun une puissance de 250 Wc, soit 1 kWc au total. Garantis pendant 20 ans, ils fonctionnent avec des micro-onduleurs garantis pour la même durée. Toute la production étant enregistrée sur mon ordinateur, j'ai beaucoup appris en les utilisant, et, notamment, que, même en hiver, lorsqu'il fait sombre et qu'il pleut, mon 1 kWc de panneaux solaires produit 200 Wh dans la journée.

Chaque panneau photovoltaïque a une puissance de 250 Wc

En faisant des économies, notre maison ne consomme pas plus de 2 kWh par jour l'hiver. Mes panneaux photovoltaïques ne produisant que 200 Wh l'hiver lorsqu'il fait très sombre, il m'en faudrait dix fois plus pour être complètement autonome. En bref, j'aurais besoin d'une toute petite batterie pour la nuit et de 10 kWc de photovoltaïques, soit 20 panneaux photovoltaïques de 500 Wc sur le toit de la maison. Avec cet équipement, la quantité de bois brûlé diminuerait fortement.

Selon les données relevées sur mon ordinateur, 1 kWc de photovoltaïques produit 200 Wh pendant les 15 jours les moins ensoleillés de décembre. Sur le graphique ci-joint, cela correspond aux bâtons les plus bas. Les deux autres semaines du même mois produisent minimum 1,5 kWh par jour. Il est à noter que ce relevé est un des plus bas, depuis l'installation de mes panneaux solaires il y a dix ans.

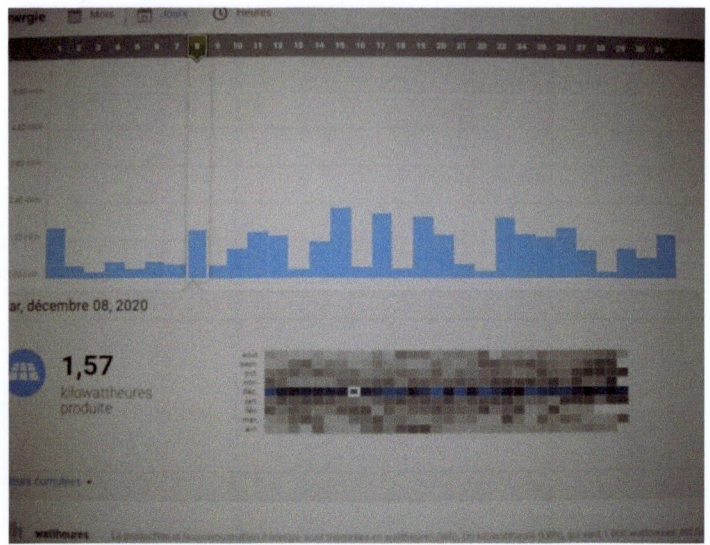

Graphique représentant 1 kWc de photovoltaïques en décembre.

Avec dix fois plus de panneaux photovoltaïques, soit 10 kWc, 15 kWh d'électricité seraient donc produits quotidiennement pendant 15 jours en décembre. Or avec une résistance électrique de 2 kWh dans le ballon pendant six heures — pour que le ballon augmente sa température de 60 °C — 12 kWh suffisent pour remplacer le bois du chauffage solaire, en plus des panneaux thermiques.

En conclusion, 20 panneaux photovoltaïques et un ballon de 500 litres possédant quatre panneaux solaires thermiques et 2 kWh de résistance électrique permettent d'obtenir le chauffage et l'eau chaude sanitaire pendant 15 jours en décembre et en janvier. Le logement a ainsi acquis son autonomie électrique à condition d'être très bien isolé. Les 15 jours des mois de décembre et janvier où le soleil est insuffisant seraient compensés par un poêle à granulés ou à bûches. Dès le mois de février, l'ensoleillement est double. L'utilisation d'un poêle serait à peine nécessaire. Brûler seulement 1 m³ de bois pour tout l'hiver serait tout à fait envisageable. Finie l'utilisation de fioul, de gaz ou d'énergie nucléaire pour chauffer sa maison et l'eau chaude sanitaire.

Aucun CO^2 ni déchet nucléaire ne devrait être émis dans le monde pour se chauffer. Le surplus de CO^2 que nous émettons pour nous chauffer n'est dû qu'à l'argent qui nous dirige toujours vers ces profits néfastes à notre existence. Le moins cher est toujours le plus polluant. C'est l'argent qui nous détruit !

L'ère solaire représente notre avenir, car il permet d'augmenter notre pouvoir d'achat, en diminuant le prix des marchandises grâce aux minutes-temps, tout en respectant l'environnement. Dans quelques années, les panneaux photovoltaïques seront encore plus productifs. Il est très probable que 15 panneaux photovoltaïques de 700 Wc suffiront pour rendre les maisons et les appartements entièrement autonomes en électricité.

Le principe de l'ère solaire mise sur l'autonomie en énergie de toutes les habitations grâce au chauffage solaire fonctionnant avec beaucoup de panneaux photovoltaïques en autoconsommation et très peu de batteries (uniquement la nuit). Imaginez tous les toits des maisons et appartements recouverts de panneaux solaires. Même avec peu de soleil, la quantité d'énergie serait monumentale. De cette façon, le surplus d'électricité produit par les habitations au printemps, en été et en automne retournerait sur le réseau pour que fonctionnent les usines, les bureaux et les transports en commun.

Nul besoin de stocker l'énergie ni d'installer des panneaux sur les lieux de travail. Il suffira de travailler et de se déplacer lorsque le soleil offrira suffisamment d'électricité. S'il n'y a pas assez d'énergie par temps sombre, alors personne ne travaillera. Ce n'est qu'une habitude de vie, en harmonie avec la nature, à mettre en place.

Si, faute de soleil, la production de marchandises n'était pas suffisante, l'État n'aurait qu'à augmenter le nombre d'usines et le temps de travail. Comme chacun est rémunéré avec ses heures, le prix des marchandises augmenterait également pour maintenir toujours le pouvoir d'achat au même niveau. La production dans les usines n'aurait lieu qu'au moment même où il y a de l'énergie. Il y aurait très peu de batteries et de panneaux photovoltaïques, puisque les usines, les bureaux et les transports en commun ne fonctionneraient qu'avec le surplus d'énergie venant des particuliers.

Évidemment, les lieux faisant face à des urgences comme les hôpitaux, les chambres froides, les casernes de pompiers, etc., devront être autonomes et posséder leurs propres batteries et panneaux solaires. Mais le travail, lui, peut tout à fait être reporté au lendemain s'il n'y a pas assez d'énergie. Surtout dans un système à mi-temps. Le lundi, le mardi et le mercredi peuvent très bien être remplacés par le jeudi, le vendredi et le samedi, selon la météo. Comme l'énergie demeure insuffisante en hiver, personne ne devrait travailler en décembre et janvier. À ce moment-là, les surplus d'énergies provenant des particuliers, des barrages, des éoliennes et des hydroliennes seront destinés en priorité aux urgences, aux petits déplacements et à la fête de Noël. Si les mois de décembre et janvier étaient chômés, il n'y aurait jamais de manque.

Pour consommer l'hiver, la population utiliserait les minutes-temps qu'elle aurait accumulées tout au long de l'année. Ces économies seront possibles à réaliser grâce à la diminution du prix des marchandises et donc à l'augmentation du pouvoir d'achat sur le reste de l'année.

Les barrages, les éoliennes, les hydroliennes, le bois et le biogaz (accessible dans tous les pays du monde) viendront renforcer cette politique du tout solaire, pour que le charbon, le gaz, le pétrole et le nucléaire ne soient plus jamais utilisés. Le nucléaire, à cause de ses déchets dont on ne sait que faire, pollue la planète pour des milliers d'années. De plus, cette énergie n'est pas durable puisque les ressources s'épuiseront alors que le soleil, le vent et l'eau ne s'arrêteront jamais. Alors, pourquoi insister ? Lorsqu'il n'y aura plus d'uranium sur Terre, nous serons bien obligés de travailler selon le rythme intermittent du soleil et le vent. Consommer moins et supprimer les productions les plus polluantes est la seule manière de diminuer l'activité humaine. Il est grand temps d'ouvrir le débat !

En résumé, avec l'ère solaire, l'énergie de tout le pays est fournie par les particuliers qui sont eux-mêmes autonomes en électricité. Cela limiterait l'utilisation des panneaux solaires et des batteries dans les usines et les bureaux. De plus, la population travaillerait seulement si le surplus d'énergie provenant des habitations était suffisant. En réalité, les jours chômés ne seraient pas si nombreux, car les barrages, les éoliennes et les hydroliennes viendraient en complément. Grâce à la suppression de nombreuses productions, cela est tout à fait réalisable.

Aujourd'hui, EDF produit 500 milliards de kWh par an pour la France, dont 62 milliards de kWh rien qu'avec les barrages hydroélectriques. Si notre consommation d'énergie était divisée par dix, les barrages produiraient, à eux seuls, plus que la totalité de nos besoins. Alors en remplaçant le pétrole et le gaz par des panneaux solaires et des éoliennes, nous aurions largement assez d'énergie, puisque le travail s'adapterait en fonction du vent ou du soleil. Nous mènerions alors une vie véritablement en symbiose avec la nature.

C — Se déplacer

La voiture électrique sera sans aucun doute notre avenir pour des milliers d'années. Grâce à des panneaux photovoltaïques positionnés sur le toit, elle serait complètement autonome en énergie sans qu'aucune borne de recharge ne soit nécessaire. Rouler serait complètement gratuit. Il resterait, malgré tout, à mettre en place une politique de travail de proximité.

Mais avant d'aborder ces détails, évoquons d'abord l'aberration financière que représente la fabrication des batteries au lithium à cause de l'extraction du minerai nécessaire à leur fabrication. Aujourd'hui, le lithium est extrait dans des carrières à ciel ouvert. Pour récupérer le lithium, une quantité d'eau extrêmement importante est utilisée. En raison des épisodes de sécheresse, cela engendre un manque d'eau douce pour les populations. De plus, l'eau rejetée pollue les lacs, les rivières et les nappes phréatiques. Là encore, l'argent est responsable de cette pollution, car cette exploitation est la moins coûteuse.

Mais, alors, que faire ? Premièrement, pour diminuer cette pollution, il faudrait utiliser le moins de batteries possible. Moins nous consommerons d'énergie, moins nous fabriquerons de batteries, moins nous générerons de pollutions. Avec une politique de travail de proximité, une seule petite voiture par famille serait nécessaire. Cela diviserait par dix le nombre de batteries fabriquées et donc la quantité de lithium extraite.

Deuxièmement, il s'agirait d'extraire l'élément brut contenant le lithium et de le traiter en laboratoire. De cette façon, les eaux utilisées au traitement seraient recyclées afin de ne pas polluer. Avec plus de manœuvres pour les fabriquer, les batteries coûteraient forcément plus cher. Mais comme il en faudrait dix fois moins par voiture, les coûts seraient moindres. La pollution n'a pas lieu d'être. Seul l'argent pollue.

Troisièmement, il faudrait extraire le minerai par en dessous, comme le faisaient nos ancêtres, les mineurs de fond. Nul besoin de reprendre les pelles et des pioches. Regardez le tunnel sous la Manche creusé par une énorme machine ! Aujourd'hui, il existe des technologies extrêmement modernes pour ne pas épuiser les ouvriers. Il est tout à fait possible d'extraire des minerais en profondeur, avec du matériel moderne et des aspirateurs géants pour ne pas polluer.

Ce n'est pas une question d'argent, mais de quantité nécessaire à nos besoins. La solution ne repose évidemment pas sur les grosses voitures et sur la suractivité de l'humanité. Diminuer l'activité humaine sans causer de pauvreté, privilégier la proximité, limiter chaque famille à une petite voiture, extraire le minerai sans polluer : voilà la solution. C'est de cette politique qu'il sera désormais question !

Les véhicules électriques

Une politique de proximité qui fait gagner du temps et de l'énergie est indispensable pour éliminer les pollutions. Seul un monde en commun avec un seul patron permettrait de la mettre en place. L'État, qui possède toutes les usines et qui distribue les emplois, n'aurait qu'à les répartir sur l'ensemble du territoire pour qu'ils se situent dans un rayon de 10 km de chaque habitation. Le gouvernement, via les mairies, se chargerait ensuite d'établir des pistes cyclables le long de chaque route. De cette façon, il serait plus aisé d'aller au travail à vélo ou en trottinette électrique. Chaque famille pourrait se contenter d'une seule voiture, ce qui diminuerait considérablement la croissance du pays. Ce serait un grand bol d'air pour contrer l'effet de serre.

Grâce à cette proximité du travail garantie, beaucoup de gens quitteraient les villes pour la campagne puisque l'effet de serre aura rendu la vie urbaine impossible. Ce retour aux sources favoriserait le bien-être en offrant de meilleures conditions de vie en harmonie avec la nature. S'il y a moins de monde en ville, l'État pourra diminuer la hauteur des immeubles pour faciliter l'autonomie en énergie de ces édifices grâce à un chauffage solaire doublé en capacité et couplé à une résistance électrique solaire. L'isolation passive avec double flux permettrait de réduire la quantité de bois nécessaire pour se chauffer.

En ville, les pistes cyclables pour les vélos et trottinettes électriques seraient inutiles, car la vitesse de circulation serait limitée à 25 km/h. Cette vitesse réduirait le nombre d'accidents puisque les voitures n'auraient pas besoin de doubler les vélos et les trottinettes électriques. Les scooters n'existeraient pas. Moins polluantes et moins pénibles à utiliser, les trottinettes électriques seraient le mode de transport le plus utilisé.

Aujourd'hui, les gens roulent très vite, parce qu'ils travaillent beaucoup et, souvent, très loin. Ils sont pressés pour gagner du temps. C'est normal à cause de la suractivité. Mais dans un monde où le travail serait proche et seulement à mi-temps, plus personne n'aurait besoin d'aller très vite. Nous serions moins stressés.

En raison de cette proximité, la société d'utilité (qui utilise les minutes-temps) ne fabriquerait que des voitures petites et légères équipées de toits solaires et de batteries amovibles, interchangeables à la main. Étant données les distances parcourues (maximum 20 km par jour), il ne sera pas nécessaire de recharger sa voiture. Le toit solaire suffira amplement.

Pour les trajets les plus longs, il suffira de changer, en deux minutes, sa batterie amovible contre une batterie chargée grâce aux distributeurs automatiques qui les maintiendront en charge avec le soleil et le vent. Cette voiture existe déjà ! C'est la Squad Mobility (www.squadmobility.com).

La voiture Squad Mobility créée aux Pays-Bas. Photo fournie par l'entreprise.

Cette voiture deux places de 350 kg est dotée d'un toit solaire, d'un moteur de 4 kW dans les roues et d'une batterie 6,4 kWh pour 100 km d'autonomie. Elle peut rouler jusqu'à 45 km/h. Il est facile de déplacer les batteries dans un logement pour les recharger. La Squad Mobility sera bientôt disponible en quatre places pour deux enfants à l'arrière et roulera jusqu'à 70 km/h.

Il existe aussi la Tiny, une autre petite voiture de deux places, fabriquée en bois pour diminuer le poids et économiser de la matière. (www.thetinycar.com). Conçue par Christian van OOST (CvOdesign) et fabriquée en France, la Tiny ne pèse que 250 kg et roule à 45 km/h. Son autonomie est de 60 km avec quatre petites batteries de 750 watts chacune ; ou de 120 km avec huit petites batteries. Ces batteries sont amovibles et ne pèsent que 3,5 kg. Elles sont donc faciles à transporter pour être rechargées en 3 heures sur une simple prise de courant. Il est possible d'équiper le toit d'un panneau solaire pour augmenter l'autonomie de 30 km par temps ensoleillé.

La Tiny est une voiture de deux places fabriquées en bois. Photo fournie par CvOdesign

Le choix du bois pour la carrosserie représente une économie considérable pour l'avenir puisque de nombreux scientifiques s'inquiètent de l'épuisement des matières premières. Au rythme de notre consommation actuelle, nous manquerons un jour de fer, d'aluminium, de cuivre, de pétrole, de gaz, etc. Le bois, lui, poussera encore pour des milliards d'années. Aucun minerai sur Terre ne sera durable, alors qu'il sera toujours possible d'augmenter les plantations d'arbres en réduisant les productions d'alcools, de tabacs, de fleurs, etc. De plus, le bois est beaucoup plus léger que la plupart des autres matériaux, ce qui confère, à la Tiny, une consommation de seulement 5 kWh au 100 km. C'est la plus économe de toutes les voitures du marché. Grâce à sa petite taille, elle est facile à garer en ville.

Une Tiny pèse huit fois moins qu'un SUV. Elle utilise donc huit fois moins de matière en raison de son poids et de sa carrosserie en bois. De même, la Tiny consomme trois fois moins d'électricité qu'un véhicule classique. Avec ce véhicule, pas besoin de borne de recharge rapide. Le nombre d'éoliennes et de panneaux solaires à installer serait fortement diminué.

La solution se trouve réellement dans le poids réduit et dans l'économie de matières que représentent ces petites voitures en bois. Donner à tout le monde la possibilité de rouler moins loin et donc moins vite n'est qu'une question de proximité du travail. Alors pourquoi pas une voiture légère en bois ?

Prototype d'une voiture en autonomie solaire

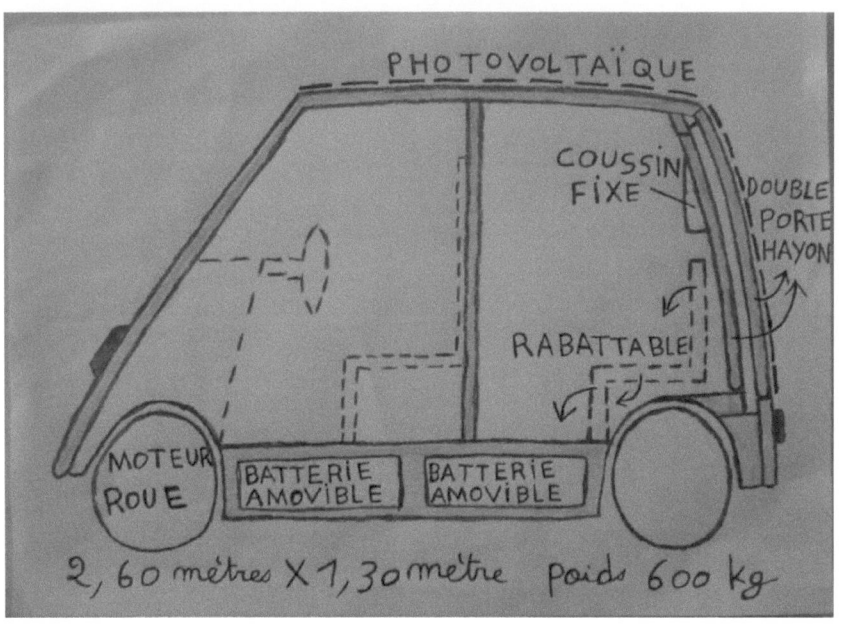

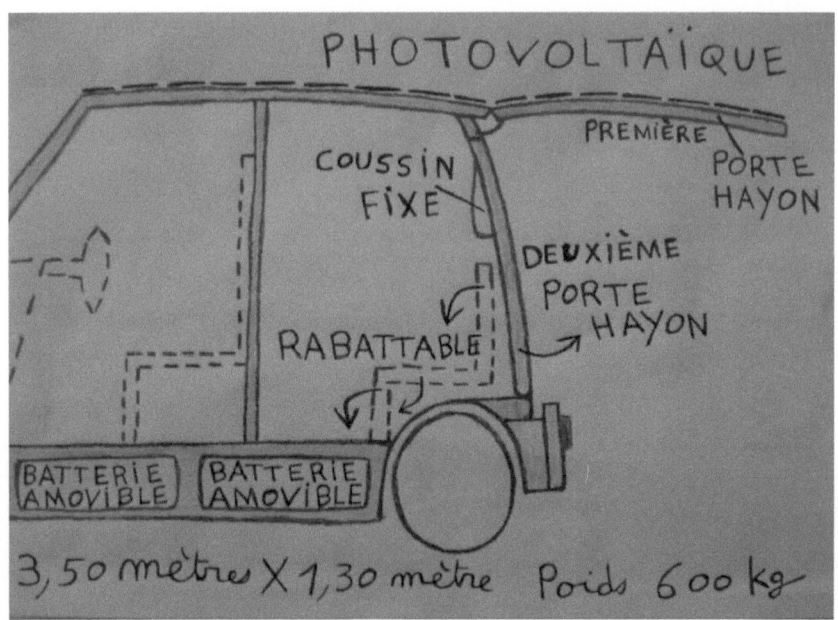

Dessins d'une voiture complètement autonome grâce à l'énergie solaire.

En m'inspirant de la Tiny, j'ai dessiné, ci-dessus, un exemple de voiture fonctionnant selon une autonomie solaire maximale. Cette voiture comporte deux hayons : un premier pour agrandir la surface des panneaux solaires à l'arrêt et un second pour fermer le coffre à clé.

La porte solaire est utile pour recharger la batterie au maximum avec le soleil, lorsque la voiture est à l'arrêt. Orienté au sud, le hayon solaire peut être incliné à 45° pour un maximum de recharge solaire. S'il y a une panne d'énergie en roulant, il devient possible d'attendre une ou deux heures, pour repartir à la recherche d'une prise de courant ou d'une batterie amovible.

Il reste un problème à résoudre : le feu lié aux batteries lithium. Depuis toujours, l'énergie nous confronte aux risques d'incendie : le gaz prend feu, le pétrole prend feu, les batteries au lithium prennent feu. Cela provoque des accidents. C'est pourquoi il faut les limiter au maximum. Mais comment ?

Si nous utilisons des batteries de 100 kWh pour chaque voiture, les dégâts sur l'environnement et la santé seront considérables. En utilisant des batteries de seulement 10 kWh, ces dégâts seront fortement amoindris. De plus, une batterie ne prend feu que si elle chauffe. Plus les bornes de recharge sont rapides, plus le risque de chauffe et d'incendie est grand. Or, en échangeant les batteries à la main, il n'y a pas besoin de bornes rapides.

Seul l'avenir nous dira si ces petites voitures permettent véritablement de se déplacer en harmonie avec la nature. Si elles venaient à causer trop de pollution, nous devrions, peut-être, avec le temps, nous résigner à utiliser des véhicules à pédales à assistance électrique. Mais comme tout est possible avec les minutes-temps et le système du travail en commun, utiliser des voitures à pédales à assistance électrique ne constituerait pas un obstacle. Ce serait un autre monde !

En attendant, aujourd'hui et avec notre argent, une solution est tout à fait envisageable pour agir immédiatement sur l'effet de serre : ramener le travail à maximum 30 minutes de vélo (tricycle) électrique, afin qu'une seule voiture ne soit utilisée par famille. Il s'agirait de limiter la vitesse à 45 km/h sur toutes les routes nationales, en bridant les voitures et les camions sur le GPS. Cela permettrait d'utiliser des vélos (tricycles) électriques bridés également à 45 km/h. Ils seraient en sécurité puisqu'ils ne se feraient pas doubler. Les accidents seraient non seulement très rares, mais aussi moins graves. Pour adapter les vélos (tricycles) électriques à cette vitesse, il faudrait les équiper de bonnes suspensions avant et arrière et de gros pneus.

Dans ce cas-là, une loi serait votée pour interdire de parcourir plus de 20 km pour aller au travail. Les personnes contraintes de démissionner retrouveraient facilement un travail plus proche puisque d'autres seraient aussi obligés d'abandonner leur poste. En effet, les travailleurs se croisent régulièrement sur les routes pour aller travailler. Certains habitants de Saint-Malo travaillent à Rennes, tandis que des Rennais travaillent à Saint-Malo. Il en va ainsi dans tout le pays. Si tous ceux qui avaient plus de 20 km à parcourir pour aller travailler quittent leur emploi, ils libéreraient des places permettant à tout le monde de travailler près de chez soi.

Vingt kilomètres à une vitesse de 45 km/h ne représentent qu'une demi-heure de vélo ou de trottinette (tricycle) électriques adaptés à cette vitesse. L'important, pour garantir la sécurité de ces modes de déplacement, est d'empêcher les voitures et les camions de doubler. Si nous attendons les pistes cyclables pour circuler à vélo, de nombreuses années s'écouleront encore sans que nous diminuions l'effet de serre. En revanche, sur les autoroutes, la vitesse ne serait pas limitée afin de favoriser les longs trajets des camions, et ce, en attendant que le train se développe davantage.

Grâce à cette solution de rouler à 45 km/h à vélo, le parc automobile serait réduit de moitié. Les véhicules restants seraient de toute façon plus petits et moins énergivores. De nombreuses places de parking en ville seraient libérées et la pollution serait fortement réduite. Ce plan nous permet d'agir immédiatement sur l'effet de serre, sans rien avoir à faire puisque les routes sont déjà là.

Aujourd'hui tout le monde veut rouler très vite, parce que le travail est loin. Mais en allant deux fois moins loin, nous mettrons le même temps même si nous roulons deux fois moins vite. Ce n'est pas pour nous que nous devons changer notre modèle de société ! C'est pour l'avenir de nos enfants, petits-enfants et arrière-petits-enfants.

La vitesse excessive de nos voitures et l'utilisation de l'avion sont les principales causes de l'éloignement des familles dont les membres partent de plus en plus loin pour se voir de moins en moins.

La plupart du temps, les enfants quittent leurs parents et ne leur rendent visite qu'une fois par an, voire moins. La vitesse est la plus grande aberration de notre civilisation, car, en rendant la distance possible, elle détruit notre principale raison de vivre : la famille.

L'avenir

L'avenir, c'est tout le monde à la même vitesse. 45 km/h, c'est la vitesse des tracteurs. Si toutes les voitures, les camions, les tracteurs et les vélos (tricycles) roulent à 45 km/h, personne ne se double. La sécurité routière est assurée, sans aucun mort sur les routes. Tout n'est qu'une question de proximité et de limitation de vitesse. En prime, cela réduit considérablement l'énergie consommée par la fabrication et l'utilisation de ces véhicules. Imposer une vitesse de 45 km/h inciterait à favoriser le vélo (tricycle) ou la trottinette. Si la plupart des gens renoncent à utiliser le vélo, c'est par crainte des voitures qui, même entre elles, s'accidentent. Pour les vélos classiques sans batteries, il est beaucoup moins dangereux de se faire doubler à 45 km/h qu'à 90 km/h.

Ceux qui veulent malgré tout travailler à 30 km ou plus pourraient le faire grâce aux transports en commun ou en respectant la nouvelle limitation de vitesse. L'urgence est d'encourager la société à n'utiliser qu'une seule petite voiture par famille pour diminuer l'effet de serre et réduire la consommation d'énergie et de matières premières, tout en augmentant le nombre de places de parking en ville. Un toit solaire et des portes légères pourraient même équiper les vélos (tricycles) en cas d'intempéries. Elle est là la solution à notre problème de vitesse ! S'il s'avérait que la voiture à pédales à assistance électrique était indispensable dans le futur : 45 km/h sera la vitesse idéale pour leur usage.

Les politiques et les industriels sont totalement inconscients, car aucun minerai ne sera durable sur Terre ! Aujourd'hui, les scientifiques savent pertinemment que nous manquerons de cuivre à court terme, et de bien d'autres matières par la suite. Pourtant la solution politique à l'effet de serre mise toujours sur les longs déplacements grâce à des véhicules électriques pesant parfois plus d'une tonne et demie et comportant de très grosses batteries à recharger sur des bornes de plus en plus puissantes. La distance des trajets n'est jamais remise en question. On continue de voyager à l'autre bout du monde. Leur solution est uniquement de remplacer le pétrole et le gaz par des énergies vertes, sans se soucier de la quantité de minerais, pourvu que la consommation et la croissance augmentent.

Si le monde continue d'évoluer de cette façon-là, dans moins d'un siècle, les minerais et notamment le cuivre manqueront sur Terre. Nous ne pourrons plus construire de fusées. Or, elles restent notre seul espoir pour continuer notre transition énergétique en récupérant des matières dans l'espace. Sans minerais, nous serons réduits à vivre comme au Moyen Âge. Il est urgent de diminuer la consommation dès aujourd'hui, pour aborder la transition énergétique plus raisonnablement. La transition énergétique, indispensable pour résoudre l'effet de serre, nous demandera dix fois plus de cuivre et autres minerais, si nous ne réduisons pas notre surconsommation.

En raison de notre surconsommation, nous pouvons estimer que les stocks actuels de cuivre et de minerais permettront de tenir encore un siècle. Si nous parvenons à modifier le parc automobile en imposant une seule petite voiture légère en bois par famille, la durée des stocks serait multipliée par six, et ce, grâce à la réduction du nombre de voitures, à la réduction de leur consommation d'énergie et au changement des matériaux utilisés. Une voiture de 600 kg face à un SUV de deux tonnes générerait deux fois moins d'éoliennes et de panneaux solaires pour la fabrication d'électricité. Pour résumer, les stocks de cuivre seraient assurés pour encore 600 au lieu de 100 ans.

C'est la seule façon de se préparer à la conquête de l'espace indispensable pour ramener des minerais sur Terre. Mais pas n'importe comment ! Importer des minerais de l'espace doit se faire en petites quantités car il est impossible d'empêcher les fusées d'émettre du CO^2 au décollage. Or, un trop grand nombre de fusées augmenterait l'effet de serre sur Terre. Il est donc urgent de réduire dès à présent notre consommation, pour diminuer, dans le futur, les départs de fusées. Il faut apprendre, à nous et à nos enfants, à vivre selon un tout nouveau modèle de société en réduisant considérablement notre consommation pour ne garder que le principal : le confort à la maison et la santé.

Je mets en garde l'humanité ! Conquérir l'espace demandera beaucoup de temps. Si les Hommes apprennent à vivre et à se déplacer sans aucun problème sur la Lune pour 2100, ce serait déjà merveilleux. Pour extraire du cuivre (ou autres matières) sur Mars, des espèces de pelleteuses seront nécessaires. Mais il ne sera pas question de rapporter sur Terre la roche brute, sans raffinage. En effet, seuls 1 à 5 % de cuivre peuvent être récupérés dans 1 m^3 de roche. Rapporter la roche brute multiplierait les trajets en fusée et augmenterait considérablement l'effet de serre.

Des usines seront donc nécessaires afin de raffiner le cuivre directement sur Mars. Voilà pourquoi 600 ans ne seront pas de trop pour réaliser cette prouesse.

Pour que nos enfants ne retournent pas au Moyen Âge, il est grand temps d'apprendre à vivre comme la nature nous le permet, c'est-à-dire en consommant beaucoup moins pour ne pas créer d'effet de serre, pour économiser notre stock de minerais et, surtout, pour se préparer aux temps futurs quand les matières seront importées de l'espace au compte-gouttes.

Le soleil est né il y a cinq milliards d'années alors que nous n'existons que depuis trois petits millions d'années. La loi de la nature nous précède. Nous ne pourrons pas vivre sans la respecter ! Cette loi impose de consommer avec raison. Voilà pourquoi, j'ai imaginé ces petites voitures en bois, qu'il faudrait limiter à une seule par famille grâce au travail de proximité et aux minutes-temps.

La voiture ne servant qu'aux petits déplacements, il reste à prévoir les grands trajets. Dans la société d'utilité, les trajets s'effectueront en train, mais pas seulement ! Ils compteront aussi sur le semi-car : une remorque sans moteur ni volant, tractée par un tracteur de poids lourd électrique dont l'électricité vient d'une caténaire.

Exemple d'un semi-car tracté par la tête d'un poids lourd et branché à une caténaire

La caténaire sur les autoroutes ou les quatre voix permet aux poids lourds électriques de rouler à l'infini sans utiliser leurs batteries. Elles peuvent même se recharger en roulant. Cela permet aux poids lourds d'avoir des batteries beaucoup moins grosses, ce qui économise de la matière.

Les poids lourds serviraient au transport de marchandises en semaine et basculeraient sur le transport de voyageurs le week-end et pendant les vacances en tractant des semi-cars. Cela permettrait de compléter l'offre ferroviaire dans le transport de voyageurs. En effet, durant ces périodes, les trains manquent pour assurer tous les trajets. Cette organisation permet en prime de baisser la fabrication de batteries et, surtout, celle des locomotives ou des cars à gros moteurs électriques qui se retrouvent à l'arrêt en dehors des périodes de vacances. Il n'y aurait qu'à produire ces semi-cars qui resteraient au garage en dehors des vacances, sans aucun moteur ni batterie. Il ne faudra pas oublier de prévoir, à l'intérieur des semi-cars, de la place pour les vélos afin de pouvoir se déplacer sur le lieu des vacances.

Comme tous les transports en commun, ils seront gratuits et ne fonctionneront qu'avec le surplus d'énergie des particuliers. Pour respecter l'environnement, ces transports seront utilisés seulement s'il y a du soleil ou du vent. Quand on est en vacances, on a le temps d'attendre le soleil ou le vent pour se déplacer. Les gens seront très compréhensifs en raison de la gratuité de ces transports.

Les marchandises circuleront grâce à ces poids lourds sur caténaire qui n'utilisent qu'une petite batterie pour diminuer les quantités de minerais. Là aussi, le nombre de camions sera limité, car le travail à mi-temps favorisera l'autoproduction. Que ce soit en ville ou à la campagne, la grande majorité de la population jardinera, élèvera des volailles et bricolera. Plus nous fabriquerons nous-mêmes notre nourriture, moins il y aura de camions à fabriquer et à conduire.

L'autoproduction

Pour vous montrer à quel point nous pouvons diminuer les transports, voici ce que je fais chez moi ! Je cultive des pommes de terre, des petits pois, des haricots verts, des oignons, de l'ail, des carottes, des salades, des tomates, des poivrons, des courgettes, des potirons, des poireaux, des betteraves, des choux pour mes lapins, etc.

Mon potager de 400 m² me rapporte tous les ans au moins 80 kg de pommes de terre, 40 kg de petits pois avec la gousse, 30 kg de haricots verts, 150 oignons, 20 ails, 100 poireaux, 40 betteraves, 15 potirons, 50 courgettes, 200 carottes, 50 kg de tomates, 10 kg de poivrons, de la salade pour tous les jours. Avec les légumes d'été, nous cuisinons à peu près 30 litres de ratatouille. Je conserve la plupart de mes récoltes au congélateur ou dans le noir au frais, pour l'hiver.

Mon potager extérieur   *Ma serre avec les tomates et les poivrons*

J'élève de grosses poules pour avoir des œufs et des poules de Barbarie (Bantam de Pékin) pour la couvaison des œufs afin d'avoir des poulets à consommer. J'élève aussi un canard et deux cannes qui me donnent des canards à consommer et des lapins qui me donnent des lapereaux à consommer.

Avec les poulets, nous cuisinons du poulet rôti ou des escalopes, des sautés, des couscous et des plats avec la viande hachée. Avec les canards, nous réalisons des canards à l'orange ou des magrets, des sautés de canards et de la viande hachée pour hamburgers. Avec les lapins, nous confectionnons des ragoûts, des lapins au four ou grillés au feu de bois. Avec les œufs, nous faisons des omelettes et beaucoup de desserts comme des flans. Je fais aussi des yaourts dans mon four au gaz.

Mon enclos à lapins

Nous n'achetons aucun légume ni aucune viande, et pour manger moins de viande, nous alternons nos plats : légumes/viande ou légumes seuls (gratins de pommes de terre, gratins de courgettes, haricots verts revenus à la ratatouille, tourtes de poireaux, salades de carottes, betteraves, tomates, œufs, soupes de légumes, etc.) Nous mangeons aussi un peu de poisson acheté localement.

Aujourd'hui, les médias nous alertent sur la nécessité de réduire la consommation de bœuf, car cet élevage consomme trop d'eau et de nourriture. De nombreuses forêts équatoriales sont détruites par l'élevage intensif. Il est pourtant très facile de se nourrir uniquement de ses volailles, en n'en mangeant qu'une fois sur deux, pour en diminuer les quantités et, ainsi, sauver les forêts. De plus, élever ses volailles chez soi et cultiver ses légumes n'implique aucun transport, ce qui réduit le nombre de camions et, donc, la consommation d'énergie.

Ce n'est qu'avec cette politique de proximité que nous pourrons atteindre la neutralité carbone. Grâce aux minutes-temps qui permettent de diminuer le temps de travail sans perte de pouvoir d'achat, nous retrouvons le temps de faire les choses par nous-mêmes. Il y a 60 ans, le supermarché n'existait pas en France. La majorité des gens fabriquaient sa propre nourriture. Lorsqu'on produit sa nourriture soi-même, les agriculteurs ont moins besoin de surface agricole pour nourrir la population. Cette économie laisse beaucoup de place pour construire des maisons en campagne, le long des routes déjà existantes.

En résumé, dans la société d'utilité, il y aura deux fois moins de voitures dans le pays et elles seront plus petites. Le nombre de camions sera également divisé par deux grâce à une politique de proximité et à l'autonomie alimentaire de la population.

Les trajets de vacances

Les camping-cars, trop lourds et trop énergivores, ne seront plus produits. Ils seront remplacés par des mobiles-homes vers lesquels on se rendra grâce au train ou au semi-car. Les avions, également trop énergivores, seront totalement à l'arrêt. Les vacances se dérouleront en priorité dans des campings solaires. Les gens s'y rendront en train ou en semi-car. Sur place, ils se déplaceront avec leur vélo électrique ou avec les transports en commun.

Dans ces campings solaires, les mobile homes, qui seront entourés d'arbres, n'auront que l'eau froide. En revanche, des panneaux solaires thermiques et photovoltaïques au-dessus des sanitaires fourniront l'eau chaude et l'électricité nécessaire au camping. Les gazinières fonctionneront au biogaz.

Avec les minutes-temps, l'intérêt financier du tourisme disparaît. Pour les vacances d'hiver à la montagne, il faudra donc compter sur l'abandon des canons à neige pour réaliser des économies d'énergie. En effet, à cette période de l'année, l'électricité produite est moindre. Les remonte-pentes fonctionneront avec le surplus d'énergie des particuliers. Les jours sans soleil seront réservés aux promenades à raquettes. Mais avec l'arrêt des usines en décembre et janvier et grâce aux barrages hydroélectriques, aux éoliennes et aux hydroliennes qui fonctionneront en permanence, l'énergie pour les remonte-pentes manquera rarement.

Ces sports d'hiver seront très bien acceptés par la population, puisque l'énergie, comme les transports en commun pour s'y rendre, sera gratuite.

Les tracteurs des fermes agricoles

Demain, tous les tracteurs agricoles seront électriques pour ne plus polluer. Pour que l'autonomie des batteries ne limite pas trop leur fonctionnement, ils seront branchés directement sur secteur. La batterie servira à se déplacer jusqu'aux bornes électriques, disposées près des parcelles. L'astuce est d'inventer une remorque avec deux enrouleurs automatiques géants. Un enrouleur reliera la remorque à la borne du secteur, tandis que l'autre sera branché au tracteur pour lui fournir l'électricité. Pour que l'agriculteur puisse labourer sans être dérangé, le câble sera tendu en hauteur et pourra pivoter à 360°. C'est le même principe qu'une tondeuse électrique filaire, à la différence près que le câble sera toujours surélevé.

Les labours s'effectueront grâce aux surplus d'énergie des particuliers. Fonctionner uniquement avec le soleil est une question de matériel adapté et de main-d'œuvre. Grâce aux minutes-temps, elle ne manquera pas, puisque tout le monde travaillera à mi-temps. Pour labourer par temps de soleil, des semaines à temps complet pourront être envisagées afin de compenser les jours sans soleil. En cas d'énergie faible, le retour du cheval dans les fermes permettra de réaliser les petits travaux. Pour une meilleure gestion, les fermes seront plus petites.

Maintenant que nous avons fait le tour de ce qui pollue l'air, il nous reste à évoquer ce qui pollue la mer.

Les transports par bateaux

Partant du principe que le vent suffit pour naviguer, puisque les profits auront disparu avec les minutes-temps, les bateaux à moteur sans voiles seront interdits. Ce sera le grand retour des voiliers en bois avec un petit moteur électrique pour assurer les déplacements dans le port. Seuls les bateaux de secours et les remorqueurs seront à moteur. Prévoir des panneaux photovoltaïques sur les bateaux serait une surconsommation inutile, puisque le vent est amplement suffisant. Les courses de bateaux à voiles le prouvent : il ne faut qu'une semaine pour traverser l'Atlantique.

La pêche intensive disparaîtra avec les profits, afin de préserver les ressources. Seule la pêche à la ligne et aux petits filets, à l'ancienne, subsistera. L'abandon de la pêche au grand large ramènera en abondance les poissons sur les côtes. Les paquebots de croisières deviendront de grands voiliers en bois, non luxueux, et désormais accessibles à la classe moyenne, puisque nous serons tous égaux en salaire.

L'océan

A — Nourriture bio pour tout le monde

Regardez comme l'océan paraît grand ! En réalité, face à l'ampleur de l'activité humaine, il ne représente qu'un tout petit aquarium. L'ère solaire est aussi pensée pour la préservation des mers et des océans.

L'océan couvre 71 % de la surface terrestre. C'est 2/3 d'eau pour 1/3 de terre. Sur la carte du monde, la France est minuscule par rapport au globe terrestre. Donc, la surface d'eau attribuée à la France est, elle aussi, très petite. Cela signifie qu'en polluant l'océan, nous le polluons comme un aquarium. Et quand un aquarium est pollué, les poissons meurent. Faites l'expérience chez vous, vous verrez bien !

Il y a environ 200 pays dans le monde, dont l'Inde et la Chine qui concentrent une très forte population. Tous les pays du monde pratiquent l'agriculture intensive et utilisent énormément de pesticides et d'engrais chimiques qui ruissellent dans les océans. Je vous le répète : à l'échelle mondiale, l'océan n'est qu'un aquarium face à l'activité des Hommes. Nous pratiquons cette agriculture depuis seulement 60 ans. Les pesticides ne disparaissent pas, ils se concentrent dans les océans. Aujourd'hui, beaucoup de poissons sont déjà contaminés par les pesticides et autres pollutions industrielles. Si nous ne réagissons pas à ce problème, la totalité des poissons aura disparu d'ici un siècle par empoisonnement, dans un océan rempli d'une pollution invisible. Or près de la moitié de la population mondiale ne se nourrit que de poisson. Si nous condamnons cette ressource issue de la mer, la nourriture finira par manquer sur Terre.

Il va de soi que les antifoulings, cette peinture appliquée sur la coque des bateaux pour freiner la prolifération des végétaux marins, deviendront interdits. Les bateaux seront soit remorqués ou mis à sec dans un port, soit lavés avec de l'eau de mer à haute pression.

Regardez la quantité de plastique que nous avons déjà déversée dans l'océan. Aujourd'hui, nous réagissons à ce problème parce que les médias nous en alertent. Comme les plastiques sont visibles, nous réagissons pour qu'ils ne détruisent pas la population piscicole. Mais ce qui ne se voit pas, comme les pesticides et les produits chimiques, est encore pire. Si nous ne réagissons pas, ils vont tout détruire.

La solution est pourtant évidente : c'est l'agriculture biologique. Elle est déjà pratiquée dans de nombreux pays, et cela fonctionne. En plus d'être source d'emplois, elle est meilleure pour la santé. Se soigner, c'est bien. Ne pas être malade, c'est encore mieux ! Pourquoi préférer une production saine et biologique ? Énumérons les raisons :

- Commençons par l'eau. Les eaux des sources, des fleuves et des rivières sont très polluées par l'agriculture intensive et l'industrie (pesticides, engrais chimiques, rejets industriels). Pour la consommer directement au robinet, il faut la dépolluer. Non seulement cela coûte très cher, mais en plus, le résultat n'est pas parfait. À long terme, cette eau que nous buvons et avec laquelle nous nous lavons provoque des maladies. Produire bio garantirait une eau saine pour notre consommation sans avoir à utiliser des bouteilles en plastique qui génèrent de la pollution et du transport.

- La nourriture, c'est la même chose. Les plats industriels, les pesticides, les engrais chimiques et les OGM sont responsables, à long terme, de nombreux cancers. Manger bio coûterait moins cher pour tout le monde, puisque la Sécurité sociale rembourserait moins de frais médicaux.

- Le tabac, l'alcool et la drogue sont autant de superflus qui provoquent aussi de nombreux cancers. Interdire leurs productions améliorerait la santé. Cela coûterait moins cher pour tout le monde, car celui qui n'en utilise pas paie quand même la Sécurité sociale.

Aujourd'hui, tout le monde dénonce le manque d'infirmières et de médecins dans le pays. Mais je crois que nous avons inversé le problème. Ce ne sont pas les infirmières ni les médecins qui manquent… mais les malades qui sont trop nombreux.

En réalité, nous faisons tout pour être malades. Nous mangeons des pesticides, nous mangeons des engrais chimiques, nous mangeons des OGM, nous mangeons des plats industriels, nous buvons de l'eau malsaine, nous buvons des alcools, nous fumons des tabacs, nous nous droguons, nous respirons des gaz d'échappement, nous respirons des vapeurs de pesticides, nous recevons les ondes de nos portables directement dans les oreilles, nous roulons trop vite sur les routes, nous stressons au travail, etc.

Les médicaments consommés pour soigner toutes ces maladies que l'on pourrait éviter se retrouvent dans les océans. Produire une nourriture exclusivement bio sur toute la planète ne devrait pas être une utopie. Seulement voilà, nous sommes 7 milliards sur Terre, et sans doute 10 milliards demain. Or l'agriculture biologique a des rendements plus faibles. Pour augmenter les surfaces de culture, il serait donc indispensable de ne produire que de l'utile dans des quantités raisonnables pour que tout le monde mange à sa faim et non pour s'engraisser. Consommer utile, c'est consommer sain pour être en bonne santé et pour se sentir bien. Voyons les possibilités :

- **Le fromage.** Avec l'agriculture biologique, nous produirions moins de lait. Avons-nous vraiment besoin d'en consommer autant ? Lorsque nous avons mangé un plat et un dessert, nous sommes loin de manquer de nourriture. La solution serait de supprimer la majorité des fromages et de conserver seulement ceux qui accompagnent les plats (comme le gruyère, le fromage à raclette ou à fondue, etc.). Cela permettrait d'avoir plus de lait bio à moindre prix pour nourrir toute la société. D'ici à un siècle, l'humanité s'en rendra bien compte !

- **Le tabac.** Cette culture occupe des milliers d'hectares et utilise des pesticides et des engrais chimiques qui polluent les océans, en plus de détruire la santé de nos enfants et de ruiner la Sécurité sociale. La solution serait d'interdire toutes les cultures de tabac, pour augmenter les productions agricoles biologiques. À la place des tabacs, nous pourrions cultiver du blé, du soja ou produire du lait. Autant de productions nécessaires pour nourrir la population mondiale. C'est aux gouvernements d'interdire la culture des tabacs pour des raisons de santé publique et d'économie. D'autant plus que les non-fumeurs paient quand même la Sécurité sociale.

- **L'alcool.** Tout comme le tabac, cette culture occupe des milliers d'hectares, pollue les océans et détruit la vie des familles (comas éthyliques, accidents de la route, alcoolisme, mort). L'alcool est agréable pour faire la fête, je le sais. Mais la société manquera de terre agricole pour se nourrir. La solution serait que l'État ne vende de l'alcool que les jours fériés (Noël, le jour de l'An, Pâques, 14 juillet…), en petites quantités (pas plus d'une demi-bouteille par adulte, avec un suivi sur ordinateur), en privilégiant les meilleurs millésimes. La production d'alcool fort, comme le whiskey, serait interdite pour prévenir les risques de coma.
- **La drogue** présente les mêmes problèmes que les productions de tabac ou d'alcool. Il serait préférable de cultiver de quoi manger, plutôt que de favoriser ces pollutions agricoles qui provoquent des maladies, des accidents et de la délinquance. C'est à l'ONU de débattre pour qu'aucun pays ne produise de drogues. De toute façon, avec la société d'utilité et les minutes-temps, il sera impossible de les revendre, car il n'y aurait rien à obtenir en échange (les minutes-temps ne s'échangent pas, elles disparaissent à l'achat).
- Bien d'autres productions pourraient être supprimées comme les fleurs, les parfums, certaines viandes (surtout le bœuf), etc.

D'un côté, cultiver son jardin et entretenir une basse-cour diminuerait les besoins en produits agricoles. De l'autre, la suppression des maisons secondaires libérerait de l'espace pour la culture biologique. Bien évidemment, ces solutions ne sont réalisables qu'avec les minutes-temps, grâce à la suppression des profits et au partage du travail.

Dans les 100 ans à venir, une grande partie de la population des villes migrera vers les campagnes pour jardiner, élever des volailles, des lapins et produire de l'énergie en autoconsommation. Cela sera inévitable à cause de l'effet de serre. Mais le plus important reste de sauver les poissons de toutes ces pollutions en adoptant une production 100 % biologique.

B — Les fermes du futur

Comme évoqué précédemment, les tracteurs électriques seront filaires, branchés sur secteur grâce à une remorque d'enrouleurs automatiques. Or la priorité de la société d'utilité est de consommer le moins possible d'énergie. C'est pourquoi il faudra labourer le moins possible pour éviter de consommer trop d'énergie. Par exemple, cultiver du maïs pour nourrir les vaches et produire du lait ne sera plus possible, puisque l'herbe leur suffit amplement. Certes, par sa hauteur de pousse, le maïs semble représenter davantage de nourriture que l'herbe. Mais il ne se récolte qu'une fois par an quand l'herbe est coupée deux à trois fois. Finalement, la quantité de nourriture produite est équivalente, mais pas la consommation d'énergie. L'herbe repousse toute seule, année après année, alors que le maïs exige un labour et un semis. Par rapport à l'herbe, le maïs consomme trop d'énergie, mais aussi trop d'eau.

Cependant, l'été, il faudrait également arroser l'herbe pour avoir plus de lait. Comment faire ? Aujourd'hui, les agriculteurs, en hiver, stockent l'eau de la nappe phréatique dans de grandes réserves afin d'arroser les champs l'été. Cette pratique contre nature épuise la nappe phréatique l'été. Avec le temps, cela est ingérable.

Quelle solution ? L'eau, qui représente 71 % du globe terrestre, ne manque pas sur la planète. Pourtant, l'hiver, nous ne récupérons pratiquement aucune eau de pluie en ville. Nous laissons les eaux des fleuves se perdre dans l'eau de mer. Quel gaspillage ! En effet, récupérer et filtrer les eaux usées pour arroser les champs serait tout à fait possible. Cela contribuerait à remplir la nappe phréatique — et non à la vider comme nous le faisons aujourd'hui — puisqu'en arrosant les champs, nous renvoyons l'eau dans la nappe phréatique.

Pour acheminer le pétrole ou le gaz qui rapportent des milliards, les hommes ont construit des oléoducs. Or demain, l'eau deviendra vitale ! C'est pourquoi il faudrait récupérer l'eau des fleuves l'hiver (car il y en a trop), la stocker dans des réserves agricoles (à la place de l'eau de la nappe phréatique) et l'acheminer via des aqueducs pour arroser les champs l'été. En cas de sécheresse, l'eau serait suffisante dans la nappe phréatique.

Bien évidemment, il ne faudrait pas prendre l'eau des fleuves en été, mais seulement en hiver lorsque le débit est excessif, ou alors aux embouchures, avant que l'eau douce ne se mélange à l'eau de mer. Si l'eau des fleuves ne suffisait pas, il faudrait filtrer les eaux usées ou récupérer les eaux de pluie des villes pour les acheminer grâce aux aqueducs dans les réserves agricoles.

Toutes les fermes fabriqueraient du biogaz qui serait utilisé en bouteilles pour les gazinières, afin d'économiser de l'électricité. Les industries qui ne peuvent pas travailler sans gaz en utiliseraient aussi. Les besoins seraient cependant moindres puisque de nombreuses industries auront disparu ou diminué (aéronautique, camping-cars, yachts, automobile, militaire, etc.).

Avec toutes les fermes de France et les déchèteries, nous aurions assez de gaz vu la baisse des besoins dans l'industrie. Tout devrait se faire à proximité et en autonomie maximum.

C — De l'eau douce pour tous

L'autonomie maximum des pays est une obligation pour démarrer la société d'utilité avec les minutes-temps. Mais alors comment les pays pauvres parviendront-ils à devenir autonomes, surtout en nourriture ? Prenons l'exemple des pays africains. La plupart des pays pauvres sont des pays chauds dans lesquels il n'y a pas d'eau. Or la richesse d'un pays dépend de sa capacité à produire sa nourriture. Sans eau, cela est difficile. Par manque de nourriture et pour fuir la pauvreté, des familles entières se déplacent vers des pays où il y a du travail. Mais à cause du racisme, les hommes ont du mal à cohabiter : les premiers se sentent étrangers, les seconds se trouvent envahis.

Résoudre le racisme n'est pas une question de fermeture des frontières. Pour y remédier, il faut revenir à la source. C'est le manque d'eau qui déplace les populations. Si elles avaient de l'eau, leur nourriture serait industrialisée, et elles auraient du travail.

Dans les déserts, là où il y a de l'eau émergent des oasis. Cela prouve que si on arrosait le désert, il serait possible de cultiver la terre et même d'élever des chèvres ou des vaches pour avoir de la viande et du lait. Or, c'est en Afrique que coulent les plus grands fleuves du monde : **le Congo** (4700 km de long, avec un débit moyen de 42 000 m³/s), **le Niger** (4200 km de long, avec un débit moyen de 6000 m³/s), **le Zambèze** (2700 km de long, avec un débit moyen de 3500 m³/s), **le Nil** (6500 km de long, avec un débit moyen de 2800 m³/s), **le Sénégal** (1800 km de long, avec un débit moyen de 640 m³/s), **l'Orange** (1800 km de long, avec un débit moyen de 220 m³/s).

Toutes ces eaux douces se perdent en se mélangeant à l'eau des mers et des océans tout comme les eaux usées de toutes les villes africaines qui rejoignent les égouts. Ce gaspillage d'eau douce oblige les Africains à soutirer beaucoup d'eau dans la nappe phréatique, ce qui dessèche la terre par en dessous et élargit le désert. Par manque d'eau, il devient impossible d'arroser les champs.

Récupérer les eaux perdues (fleuves, eaux usées) pour arroser les champs afin de produire la nourriture permettrait de remplir la nappe phréatique et de fournir une eau saine à consommer à condition de ne pas utiliser de pesticides ni d'engrais chimiques. Comment récupérer les eaux perdues ?

Les fleuves

Pour récupérer les eaux perdues des fleuves, il faudrait construire de grands châteaux d'eau aux embouchures — juste avant que l'eau douce du fleuve ne se mélange à la mer — et renvoyer l'eau grâce à des aqueducs à travers tout le continent pour remplir les réserves permettant d'arroser les champs. L'eau arriverait petit à petit dans la nappe phréatique, et tout le monde aurait de l'eau potable à boire et de la nourriture produite grâce à cet arrosage.

Il n'y a aucun risque à prendre l'eau des fleuves aux embouchures, puisqu'elle se jettera, de toute façon, dans l'océan. Pour la prélever, il est préférable d'utiliser l'énergie solaire.

Les eaux usées

Si l'eau manquait encore, il serait possible de filtrer les eaux usées (en accord avec les scientifiques pour en garantir la sécurité) puis de les acheminer vers les aqueducs afin d'arroser les champs. Dans ce cas-là, il serait préférable de souiller les eaux le moins possible en utilisant des toilettes sèches, des bacs dégraisseurs et des produits d'entretien naturels.

Ces circuits d'eau devraient fonctionner avec l'énergie solaire d'autant que dans les pays chauds, ce n'est pas le soleil qui manque. Par exemple, l'eau des fleuves serait prélevée le jour quand il y a du soleil pour rejoindre des réserves. Pour arroser les champs, il faudrait stocker l'équivalent d'un arrosage journalier en hauteur. Les champs seraient arrosés par gravité, le soir, lorsque le soleil est couché.

Les hommes ont bien construit des oléoducs pour le pétrole et des gazoducs pour le gaz, parce que cela rapporte des milliards. Pour l'eau, ils ne font rien parce que l'Afrique est pauvre. Ceci ne rapporterait rien. Mais dans le siècle à venir, nous commencerons à manquer de nourriture à cause de l'effet de serre. Si nous ne faisons rien, il ne sera plus question de nourrir le continent Afrique dont la population, forcément, aura migré pour pouvoir boire et manger. Le racisme sera inévitable !

Je ne dis pas que c'est facile à réaliser ! Mais avec le temps, ce n'est pas impossible, surtout avec l'aide internationale. Aujourd'hui, plutôt que de leur installer l'eau pour qu'ils se nourrissent eux-mêmes, nous préférons leur vendre de la nourriture, car cela nous rapporte de l'argent. De toute façon, si nous ne le réalisons pas aujourd'hui avec l'argent, rien n'empêchera nos petits et arrière-petits-enfants de le réaliser avec les minutes-temps dans la société d'utilité. Pour équiper l'Afrique de cette façon-là, il suffit de main-d'œuvre en augmentant légèrement le temps de travail.

Dire que nous allons manquer d'eau douce est une absurdité gigantesque. Il y a plus d'eau que de terre sur la planète ! Lorsque nous souillons l'eau le moins possible, elle peut facilement être recyclée. Récupérer les eaux des fleuves serait encore plus facile. Si les hommes arrêtaient de gaspiller l'eau douce, il n'y aurait pas de guerre ni de racisme à cause de cette ressource, parce que chacun pourrait travailler chez soi. Le problème de l'humanité est son argent.

Mon projet

J'ai le projet de rassembler une communauté qui vivrait avec les minutes-temps pour montrer que l'argent n'est pas indispensable.

- Si vous trouvez que l'argent est un problème pour l'évolution de nos vies et l'avenir de nos enfants,
- Si vous trouvez que l'argent nous mène à la destruction par la pollution, la pauvreté et la guerre,
- Et si vous rêvez d'une vie meilleure en symbiose avec la nature…

… alors ce projet peut vous intéresser. Vous y trouverez votre bonheur. Je vous offre la possibilité de changer de vie en rejoignant une communauté autonome, d'environ vingt volontaires qui vous construiront une maison gratuitement. Vous n'aurez que votre complémentaire santé à payer avec les intérêts de vos économies placées en banque.

Pour un retour à la terre, au potager, à la basse-cour, à l'autonomie alimentaire et énergétique, cette communauté sera composée d'agriculteurs, de menuisiers, de boulangers, de commerçants, etc. Cette communauté fonctionnera sans cet argent que vous trouvez néfaste, mais en utilisant ses heures de travail. Les produits seront fabriqués au sein de la communauté et consommés entre ses membres. L'objectif sera de créer un modèle de société exemplaire qui prouvera qu'un monde sans argent est possible.

Éco-village ou communauté ? Peu importe son nom ! Ce sera une vie en commun, basée sur l'autonomie alimentaire et énergétique. Les produits manquants seront acquis grâce aux échanges réalisés avec une ferme de notre communauté. Je m'explique ! Pour réaliser ce projet, il faudrait une structure de 100 à 200 hectares, qui serait divisée en deux fermes :

- La première serait la ferme en autonomie. Constituée de dix-huit volontaires, elle vivrait grâce aux minutes-temps.
- La deuxième serait la ferme traditionnelle, constituée de deux volontaires vivant toujours avec l'argent, comme aujourd'hui.

Le fonctionnement sera simple. La ferme en autonomie produira du lait et de la viande, qu'elle pourra échanger avec la ferme traditionnelle contre des biens qu'elle ne peut pas produire : matériaux de construction, vêtements, électroménager, panneaux solaires, etc. La ferme traditionnelle, elle, vendra le lait et la viande pour acheter les biens donnés à la ferme en autonomie.

L'échange ou le troc est une activité commerciale tout à fait légale (articles 1702 à 1707) et encadrée par une batterie de textes juridiques. Il faudra donc commencer par créer une association. Au cas où vous êtes intéressés pour monter cette association et cette communauté sans argent, je vous invite à lire tout mon projet. Récolter des dons sera nécessaire pour l'achat d'une ferme de 100 à

200 hectares que l'association prêtera ensuite gratuitement à la communauté pour qu'elle réalise ce projet.

Une fois l'association créée, elle rassemblera une vingtaine de volontaires désirant rejoindre ce projet. Ces volontaires chercheront le maire qui acceptera d'accueillir cette communauté et de fournir une dizaine de terrains constructibles (le plus près possible de la ferme) pour les 20 volontaires avec leurs enfants, s'ils en ont.

Pour organiser le lancement de cette communauté, il faudra diviser les 18 personnes de la ferme en autonomie en deux groupes : 9 personnes pour la construction et 9 personnes pour concevoir l'autonomie de la communauté.

Le démarrage devrait avoir lieu au printemps dans des mobile homes dotés de potagers de 800 m². Certains construiront les basses-cours, tandis que les autres cultiveront les potagers. Dans le même temps, il faudra préparer la ferme pour commencer l'été. Lorsque la ferme sera prête, neuf personnes travailleront à la ferme, pendant que les neuf autres personnes construiront les maisons grâce aux échanges réalisés avec la ferme traditionnelle.

Une fois les maisons terminées, le temps de travail pourra diminuer (à mi-temps) puisque 18 personnes seront disponibles pour travailler dans la ferme en autonomie et, éventuellement, prêter main-forte à la ferme traditionnelle gratuitement pour un meilleur fonctionnement. Pour information, aujourd'hui, deux personnes suffisent pour tenir une ferme.

L'autonomie alimentaire sera principalement garantie par le potager et la basse-cour. La ferme en autonomie fournira ce qui manque dans le magasin où chacun pourra obtenir ce qu'il veut avec les minutes-temps. Dans ce magasin se trouveront également des vêtements, de l'électronique, de la bureautique, etc.

L'autonomie énergétique, elle, sera assurée par les panneaux solaires thermiques et photovoltaïques installés sur toutes les maisons, par des poêles à bois et par une petite éolienne dans la ferme.

Pour réaliser ce projet, imaginons que nous avons 100 vaches élevées en bio. Elles produisent près de 2000 litres de lait par jour. En un mois, cela représente 60 000 litres de lait. À 0,3 € net le litre, cela rapporterait 18 000 € par mois. En échangeant seulement 10 000 € de lait par mois contre des matériaux, les neuf personnes chargées des constructions parviendront à construire une maison en une année.

Le projet est réservé, en priorité, à des personnes âgées de maximum 40 ans, car tout se fera avec le temps. Comme il faudra dix ans pour achever la totalité des dix maisons, il faut quand même pouvoir profiter de ce que l'on fait. Lorsqu'une personne ne pourra plus travailler, une maison de repos sera construite.

Le projet pourra démarrer lorsque les dons réunis seront suffisants pour acheter les 100 à 200 hectares de terre agricole, le matériel et les dix terrains constructibles. Par la suite, les dons ne seront plus nécessaires : la ferme sera autonome et pourra se moderniser grâce aux échanges de lait et de viande.

Cent hectares de terre agricole et dix terrains constructibles valent environ un million d'euros. Vingt euros de dons par mois suffisent pour avoir 240 € en un an. Si nous trouvions 10 000 donateurs, nous réunirions 2 400 000 € en une année. Or, le projet peut tout à fait démarrer avec deux millions d'euros. Les dons ne seraient plus nécessaires puisque le projet s'autosuffirait grâce au travail. Si toutefois les dons continuaient d'arriver, l'association achèterait d'autres terrains pour accueillir de nouveaux volontaires.

En comparant avec les idées développées précédemment, l'association symboliserait l'État, et les volontaires, le peuple. Avec un salaire moyen équivalent à 2000 € en minutes-temps, les membres de la communauté consommeraient en minutes. Pour maintenir toujours le même pouvoir d'achat, le prix des marchandises diminuerait lorsque le temps de travail serait moindre.

Pour fonctionner, la communauté devrait compter au minimum sur :

- Un électricien pour les photovoltaïques et autres,
- Un plombier pour les chauffages solaires et autres,
- Un menuisier pour construire les maisons en bois,
- Un couvreur pour couvrir les toitures,
- Un agriculteur pour organiser l'exploitation,
- Un mécanicien,
- Un boulanger,
- Toutes autres personnes qui ne demandent qu'à apprendre.

À quoi ressemblerait la vie à l'intérieur de la communauté ? D'abord, n'oubliez pas que, lorsqu'on a déjà travaillé, nous avons toujours le droit à la Sécurité sociale en cas d'arrêt, à l'exception des indemnités journalières, évidemment. Cependant, vous n'en aurez pas besoin puisque, si vous êtes malade, la communauté vous donnera des minutes. Les autres membres produiront pour vous. Donc, les médicaments comme les médecins seront payés, comme d'habitude, par la Sécurité sociale et par votre complémentaire santé (payée avec les intérêts de vos économies en banque).

L'ensemble de la communauté occupera un lotissement, mais chaque famille aura sa maison pour préserver son intimité. Dans la communauté, vous aurez de tout. L'acquisition des produits qui pourraient manquer (nourritures, vêtements, médicaments, etc.), tout comme la modernisation de la ferme, sera soumise à un vote commun organisé par l'association.

La liberté est totale. Si un volontaire veut quitter la communauté, il peut partir en toute liberté, puisque les terres appartiennent à l'association, et les maisons à la communauté. Cette personne sera donc remplacée, et la maison sera occupée par les nouveaux arrivants.

Dans ce projet, il y a deux points bien distincts :

- L'association, à but non lucratif, encadrée par la loi 1901, a pour seul but de prêter des terres pour permettre la réalisation de ce projet (utilité publique environnementale).
- Les volontaires de la communauté ne font pas partie de l'association. Ils ne sont là que pour réaliser le projet grandeur nature dans le but de sauver l'avenir des nouvelles générations.

Voyez l'exemple des Restos du cœur dont les bénéficiaires ne font pas partie de l'association. Tout comme les Restos du cœur qui donnent de la nourriture à des gens pour vivre, cette association prêtera de la terre à des gens pour vivre. En tant que propriétaire des terres, l'association y imposera une règle d'or à ses occupants : « Rien ne sera acquis si cela nuit aux enfants, aux parents, au monde animal ou végétal ! » Si vous n'êtes pas écologiste, abstenez-vous !

Comme expliqué précédemment, produire tout en commun et consommer avec les minutes-temps générées par ses heures de travail crée un monde où le chômage n'existe pas puisque le travail est partagé. C'est alors qu'il devient possible de supprimer de nombreuses productions pour éradiquer un maximum de pollutions. Le temps de travail de toute la population peut alors être réduit, sans que cela diminue le pouvoir d'achat puisque le prix des marchandises est baissé. Il y a bien d'autres avantages, comme la fin de la pauvreté, des vols, des trafics, des arnaques, des profits, des guerres, etc. C'est pourquoi il est important de devenir, à l'échelle de notre pays, un exemple pour nos politiques et nos grosses firmes en créant ce nouveau modèle de société.

Si ce projet vous intéresse, vous êtes les bienvenus ! Pour participer à l'association ou à la communauté, contactez-moi à l'adresse suivante : avenir-nature@orange.fr

Parlons-en sur les réseaux sociaux. Cela fera avancer le débat. Merci !

Conclusion

Pour clore mon ouvrage, je vais m'adresser à toute la population, qu'elle soit croyante, ou pas. Dans n'importe quel pays du monde, la liberté veut que l'Homme croie, ou pas, en un dieu. Ici, je respecte les choix de tous, car la liberté est source de paix ! Et qu'y a-t-il de mieux que la paix, si ce n'est l'amour ? Si tout le monde aimait son prochain, aucune guerre n'existerait sur Terre.

A — Pour tous

J'ai écrit mon ouvrage par amour, pour l'avenir de nos enfants et de nos petits-enfants. Un beau matin, voici ce que je lis dans les journaux : « *La flotte mondiale va doubler en 20 ans* », « *Plus de 35 000 avions neufs à livrer d'ici 2033* ». Aujourd'hui, les professionnels veulent remplacer tous les avions par des avions à l'hydrogène. Toujours et encore plus d'avions ! Et avec cela, les politiques promettent la neutralité carbone pour 2050. Quelle hypocrisie ! Quelle folie !

Nous ne devons pas augmenter la consommation. Au contraire, nous devons la diminuer en ralentissant l'activité humaine pour obtenir la neutralité carbone ! Je ne peux que vous conseiller d'écouter le scientifique Aurélien Barrau qui décrit très bien ce qui nous attend si nous ne réagissons pas. Mais il n'apporte pas de solution. Il évoque seulement le premier pas — certes, très important pour commencer à agir — qui est de se poser la question : « où voulons-nous aller pour avoir un avenir ? »

Répondre à cette question est utile pour savoir quoi faire. Mais avant cela, il convient de se demander : « Pourquoi en sommes-nous là, pourquoi sommes-nous arrivés à un tel effondrement du système naturel ? » Pour comprendre cette évolution inéluctable (catastrophes climatiques et perte de la biodiversité), il faut remonter aux origines : l'échange et l'argent (comme je vous l'avais expliqué dans le préambule).

Créer un monde basé non pas sur l'échange, mais sur le droit d'obtenir ce qui nous revient est notre dernière chance de survie. Puisque j'ai travaillé, je suis en droit d'obtenir ce qui me revient. Évidemment, remplacer l'argent par le système des heures requiert du temps, au moins un demi-siècle. Cela implique d'atteindre l'autonomie du pays, de ralentir l'effet de serre, de diminuer les transports sur Terre, de remplacer les énergies fossiles par les énergies vertes, de supprimer les productions trop polluantes. Une fois acquise l'autonomie, nous pourrons basculer vers les minutes-temps, décroître, partager le travail et tout cela, sans perdre notre pouvoir d'achat.

L'autonomie des pays grâce aux minutes-temps est le seul chemin qui permettra à la fois de décroître sans pauvreté et de survivre à l'effondrement de l'écosystème que nous provoquons actuellement. Mais si personne ne réagit, l'effondrement du système terrestre naturel entraînera l'humanité tout entière dans sa chute. Et croyez-moi, ce serait vraiment dommage !

De nature, l'Homme est bon. Seul l'argent le pousse à commettre le mal. Je le répète : même les plus méchants sont bons ! Les trafiquants comme les milliardaires qui participent à la destruction du vivant ont une famille et des enfants. Eux aussi connaissent l'amour. Alors, pourquoi sont-ils si méchants ? Parce qu'ils sont tentés par le profit. Et comment ne le seraient-ils pas ? Notre société les tente sans cesse à profiter de la vie de cette façon.

Bâtir la société d'utilité pour atteindre le stade paradisiaque de la société de raison où tout deviendrait gratuit nous rendrait tous égaux. L'avenir sera de se servir gratuitement dans les magasins, parce que, tous ensemble, nous aurons participé à produire les besoins de notre société, sans être payés.

B — Pour les croyants

Ici, je vais comparer ma politique des minutes-temps à quelques extraits de la Bible et notamment à des paraboles de Jésus-Christ tirées du Nouveau Testament qui expliquent le Royaume de Dieu. Si vous ne croyez pas en Dieu, rien ne vous oblige à lire ce passage dédié aux croyants. Je vous donne rendez-vous tout de suite au dernier chapitre, « Le Mot de la fin ». Néanmoins, rien ne vous empêche de vous instruire en lisant ce chapitre pour essayer de comprendre les similitudes entre la Bible et ma politique.

Première comparaison avec l'Évangile selon Jean :

La fête juive de la Pâque était proche et Jésus alla donc à Jérusalem. Dans le temple, il trouva des gens qui vendaient des bœufs, des moutons et des pigeons ; il trouva aussi des

*changeurs d'argent assis à leurs tables. Alors, il fit un fouet
avec des cordes et les chassa tous hors du temple, avec leurs
moutons et leurs bœufs ; il jeta par terre l'argent des changeurs en renversant leurs tables ; et il dit aux vendeurs de
pigeons : « Enlevez tout cela d'ici ! Ne faites pas de la maison de mon Père une maison de commerce ! »*[1]

Par ce geste très fort, Jésus-Christ s'attaque à l'argent et au
commerce qui, à cause des profits qu'ils génèrent, ont toujours été
source de révoltes, de violences, de misères et de guerres. Jésus
montre, lui aussi, qu'il faut combattre l'argent pour réaliser le
Royaume de Dieu. En défendant les pauvres et les misérables, Jésus
ne s'en est jamais pris aux hommes, mais à l'argent.

Je m'en inspire en remplaçant cet argent par les heures sur les
comptes en banque pour éradiquer la pauvreté.

Deuxième comparaison avec l'Évangile selon Matthieu :

*« Personne ne peut servir deux maîtres : ou bien il haïra le
premier et aimera le second ; ou bien il s'attachera au premier
et méprisera le second. Vous ne pouvez pas servir à la fois
Dieu et l'argent. »*[2]

Le Royaume de Dieu ne peut compter sur l'argent. Cela rejoint
ce que je propose. En se rémunérant avec nos heures sur nos comptes
en banque, finis les profits, les trafics et les arnaques. Nous pourrons

---

[1] Jean 2, 13-16 BFC
[2] Matthieu 6, 24 BFC

vivre en paix, dans l'égalité et sans pauvreté. Cela est notamment résumé dans la parabole du vigneron.

Troisième comparaison avec l'Évangile selon Matthieu :

« *Un propriétaire sortit tôt le matin afin d'engager des ouvriers pour sa vigne. Il convint avec eux de leur payer le salaire habituel, une pièce d'argent par jour, et les envoya travailler dans sa vigne. Il sortit de nouveau à neuf heures du matin et en vit d'autres qui se tenaient sur la place sans rien faire. Il leur dit : "Allez, vous aussi, travailler dans ma vigne et je vous donnerai un juste salaire." Et ils y allèrent. Le propriétaire sortit encore à midi, puis à trois heures de l'après-midi et fit de même. Enfin, vers cinq heures du soir, il sortit et trouva d'autres hommes qui se tenaient encore sur la place. Il leur demanda : "Pourquoi restez-vous ici tout le jour sans rien faire ?" — "Parce que personne ne nous a engagés", répondirent-ils. Il leur dit : "Eh bien, allez, vous aussi, travailler dans ma vigne."*

« *Quand vint le soir, le propriétaire de la vigne dit à son contremaître : "Appelle les ouvriers et paie à chacun son salaire. Tu commenceras par les derniers engagés et tu termineras par les premiers engagés." Ceux qui s'étaient mis au travail à cinq heures du soir vinrent alors et reçurent chacun une pièce d'argent. Quand ce fut le tour des premiers engagés, ils pensèrent qu'ils recevraient plus ; mais on leur remit aussi à chacun une pièce d'argent. En la recevant, ils critiquaient le propriétaire et disaient : "Ces ouvriers engagés en dernier n'ont travaillé qu'une heure et tu les as payés comme nous qui avons supporté la fatigue d'une journée entière de travail sous un soleil brûlant !" Mais le propriétaire répondit à l'un d'eux : "Mon ami, je ne te cause aucun tort. Tu as convenu avec moi de travailler pour une pièce d'argent par jour, n'est-ce pas ? Prends donc ton salaire et va-t'en. Je veux donner à ce dernier engagé autant qu'à toi. N'ai-je pas le droit de faire ce que je veux de mon argent ? Ou bien es-tu jaloux parce que je suis bon ?" Ainsi, ajouta Jésus, ceux qui sont les derniers seront les premiers et ceux qui sont les premiers seront les derniers. »[3]*

Dans cette parabole, les ouvriers reçoivent tous la même paie, car dans le Royaume des cieux, il n'y a pas de différence. C'est ma proposition avec les minutes-temps : nous serons tous égaux en salaire. Que l'on soit valide ou handicapé, peu importe le rendement, nous recevrons le même salaire, tout comme les ouvriers de cette parabole.

Jésus dit : « ceux qui sont les derniers seront les premiers et ceux qui sont les premiers seront les derniers. » Effectivement, aujourd'hui, dans notre monde, les premiers profitent parce qu'ils sont riches. Mais demain, dans le Royaume de Dieu (grâce aux minutes-temps), ceux qui étaient habitués à vivre de peu seront très à l'aise avec leurs heures sur leur compte en banque. La vie sera si facile pour eux qu'ils deviendront les premiers, comparés aux riches d'aujourd'hui qui devront apprendre à vivre sans excès, comme tout le monde. Eux deviendront les derniers, puisque la vie sera beaucoup plus dure.

Le vigneron a engagé ceux que personne ne voulait. Dans la société d'utilité, tout le monde sera aussi embauché, puisque le travail sera partagé entre tous. Jésus évoque un salaire juste, c'est-

---

[3] Matthieu 20, 1-16 BFC

à-dire égal pour tous. Une heure est une heure. Il sera ainsi pour tous, pour un monde plus juste.

Quatrième comparaison avec l'Évangile selon Marc :

Comme Jésus se mettait en route, un homme vint en courant, se jeta à genoux devant lui et lui demanda : « Bon maître, que dois je faire pour obtenir la vie éternelle ? » Jésus lui dit : « Pourquoi m'appelles-tu bon ? Personne n'est bon, à part Dieu seul. Tu connais les commandements : "Ne commets pas de meurtre ; ne commets pas d'adultère ; ne vole pas ; ne prononce pas de faux témoignage contre quelqu'un ; ne prends rien aux autres par tromperie ; respecte ton père et ta mère." » L'homme lui répondit : « Maître, j'ai obéi à tous ces commandements depuis ma jeunesse. » Jésus le regarda avec amour et lui dit : « Il te manque une chose : va vendre tout ce que tu as et donne l'argent aux pauvres, alors tu auras des richesses dans le ciel ; puis viens et suis-moi. » Mais quand l'homme entendit cela, il prit un air sombre et il s'en alla tout triste parce qu'il avait de grands biens. Jésus regarda ses disciples qui l'entouraient et leur dit : « Qu'il est difficile aux riches d'entrer dans le Royaume de Dieu ! » Les disciples furent troublés par ces paroles. Mais Jésus leur dit encore : « Mes enfants, qu'il est difficile d'entrer dans le Royaume de Dieu ! Il est difficile à un chameau de passer par le trou d'une aiguille, mais il est encore plus difficile à un riche d'entrer dans le Royaume de Dieu. » Les disciples étaient de plus en plus étonnés, et ils se demandèrent les uns aux autres : « Mais qui donc peut être sauvé ? » Jésus les regarda et

leur dit : « C'est impossible aux hommes, mais non à
Dieu, car tout est possible à Dieu. »[4]

Effectivement, s'imaginer, quand on est très riche, qu'on ne peut plus s'enrichir ni profiter de sa richesse est très difficile. Avec les minutes qui s'effacent des comptes en banque pour payer, aucun profit ne s'opère. Or ce sont bien eux qui provoquent le mal, les trafics, les arnaques, les violences et les guerres.

Lorsque Jésus dit : « Pourquoi m'appelles-tu bon ? Personne n'est bon, à part Dieu seul. », il évoque la patience et la miséricorde de Dieu qui sait que l'homme est bon par nature, mais corrompu par son argent malicieux. C'est pourquoi je suis convaincu que l'homme redeviendra bon de corps et d'esprit, une fois la politique des minutes-temps adoptée, même si Jésus prévient que personne ne peut être sauvé : « C'est impossible aux hommes, mais non à Dieu, car tout est possible à Dieu. » Tout ce que j'ai écrit est inspiré de l'Esprit de Dieu. Si le monde change grâce aux minutes-temps, cela restera l'œuvre de Dieu.

Ce livre initie le débat autour d'un monde sans argent. Les riches n'en voudront pas. Alors rappelez-vous la promesse de Jésus : « tout est possible à Dieu. » Agissons avec lui dans la paix ! Lançons le débat du siècle pour rendre possible un monde sans pauvreté, respectueux des hommes et des enfants, grâce aux minutes-temps.

---

[4] Marc 10, 17-27 BFC

Cinquième comparaison avec l'Évangile selon Luc :

« Le Royaume de Dieu ne vient pas de façon spectaculaire.
On ne dira pas : "Voyez, il est ici !" ou bien : "Il est là !"
Car, sachez-le, le Royaume de Dieu est au milieu de vous. »[5]

Si le Royaume de Dieu est au milieu de nous, il viendra un jour sur Terre, mais cela se fera forcément sans le système de l'argent, car nous ne pouvons servir « à la fois Dieu et l'argent ». Avec les minutes-temps, nous abolirons le mal, la pauvreté et l'inégalité : nous aurons un paradis digne de Dieu notre Père.

Sixième comparaison avec l'Évangile selon Jean :

« Oui, je te le déclare, c'est la vérité : personne ne peut entrer
dans le Royaume de Dieu s'il ne naît pas d'eau et de l'Es-
prit. Ce qui naît de parents humains est humain ; ce qui
naît de l'Esprit de Dieu est esprit. Ne sois pas étonné parce
que je t'ai dit : "Il vous faut tous naître de nouveau." »[6]

Naître de nouveau pour entrer dans le Royaume de Dieu, c'est accepter cette nouvelle politique des minutes-temps qui me vient tout droit de l'Esprit de Dieu. Ce nouveau système serait une renaissance qui apporterait une tout autre approche de la vie.

Aujourd'hui, notre vision de la vie est biaisée à cause de l'argent et des violences qu'elle entraîne. Résultat, nous transmettons à nos enfants des pensées de haine et d'injustice. Seul un monde d'égalité pourrait apaiser notre esprit humain. Demain, avec cette nouvelle

---

[5] Luc 17, 20-21 BFC
[6] Jean 3, 5-7 BFC

politique, nous verrons la vie différemment, nous la verrons selon l'Esprit de Dieu, puisque telle est son idée. Si cette politique est adoptée, l'humanité renaîtra sans pauvreté, sans vols ni trafics, sans arnaques ni profits, sans pollutions ni guerres. Ce sera la naissance d'un esprit tout nouveau pour l'Homme : le paradis du Royaume de Dieu notre Père !

Que signifie « renaître aussi d'eau » ? L'eau symbolise ce qui est sain et pur. « Renaître d'eau » implique de supprimer les alcools, les tabacs, les drogues, tout ce qui fait tourner la tête, tout ce qui détruit la vie et les êtres. Avec la politique des minutes-temps, l'agriculture devra obligatoirement être bio, pour préserver la santé de tous les êtres, qu'ils soient terrestres ou marins. Tout ce que nous ingérerons sera sain afin de lutter contre les cancers, l'alcoolisme, les accidents, les violences, etc. « Renaître d'eau et de l'Esprit », c'est accepter cette toute nouvelle politique d'égalité et de sainteté représentée par les minutes-temps. La porte du Royaume de Dieu, c'est la santé en priorité. Dieu ne nous souhaite que bonheur et longue vie !

Septième comparaison avec l'Évangile selon Matthieu :

> *« Je vous le déclare : dès maintenant, je ne boirai plus de ce vin jusqu'au jour où je boirai avec vous le vin nouveau dans le Royaume de mon Père. »*[7]

Jésus annonce qu'il renonce à boire du vin, parce qu'il sait qu'il n'y a pas d'alcool là où il va. Dans le Royaume de Dieu, tout le monde vit d'eau et de l'Esprit de Dieu (les minutes-temps ou la gratuité). Il nous fait pourtant la promesse de boire avec nous le vin nouveau,

---

[7] Matthieu 26, 29 BFC

lorsqu'il reviendra sur notre planète pour fêter ce nouveau monde : l'établissement du Royaume de Dieu sur Terre.

Cela signifie que ce nouveau monde se mettra forcément en place : ce n'est qu'une question de temps !

Huitième comparaison avec l'Évangile selon Matthieu :

> *« Ainsi donc, tout maître de la loi qui devient disciple du Royaume des cieux est semblable à un propriétaire qui tire de son trésor des choses nouvelles et des choses anciennes. »*[8]

Le Royaume de Dieu est constitué de choses nouvelles (nouvelle rémunération, panneaux solaires, éoliennes, etc.) et de choses anciennes (voitures en bois, le retour du cheval, la diminution des vitesses et la proximité, etc.). Comme expliqué précédemment, tout est possible avec les minutes-temps, puisqu'il ne peut y avoir de faillite (les comptes en banque ne comportent que des heures).

Neuvième comparaison avec l'Évangile selon Matthieu :

> *Les disciples s'approchèrent de Jésus et lui demandèrent : « Qui est le plus grand dans le Royaume des cieux ? » Jésus appela un petit enfant, le plaça au milieu d'eux et dit : « Je vous le déclare, c'est la vérité : si vous ne changez pas pour devenir comme des petits enfants, vous n'entrerez pas dans le Royaume des cieux. Le plus grand dans le Royaume des cieux est celui qui s'abaisse et devient comme cet enfant. »*[9]

---

[8] Matthieu 13, 52 BFC
[9] Matthieu 18, 1-4 BFC

C'est la clé de la porte du Royaume de Dieu et d'un monde d'amour et de paix : jouer avec ses enfants, apprendre à les connaître, les élever et les éduquer. Avec les minutes-temps, la diminution du temps de travail permettra de retrouver la disponibilité pour être avec les enfants et redevenir petits comme eux. Les enfants constituent le monde de demain. S'ils sont bien éduqués, le monde sera forcément en paix. D'où l'importance de travailler à mi-temps pour les élever.

Dixième comparaison avec la Genèse :

Yahvé Dieu prit l'homme et l'établit dans le jardin d'Éden pour le cultiver et le garder. Et Yahvé Dieu fit à l'homme ce commandement : « Tu peux manger de tous les arbres du jardin. Mais de l'arbre de la connaissance du bien et du mal tu ne mangeras pas, car, le jour où tu en mangeras, tu deviendras passible de mort. »[10]

Voici l'origine du péché ! La Bible est remplie d'images et de paraboles pour nous donner à comprendre notre monde. L'histoire d'Adam et Eve et celle de l'arche de Noé sont aussi des images servant à nous alerter sur ce qui va nous arriver demain.

Le fruit de l'arbre de la connaissance du bien et du mal représente le profit. Regardez tous les profits réalisés aujourd'hui avec l'argent et qui nous conduisent à la mort. Autrefois, les impôts, inventés par les seigneurs pour profiter des paysans, ont servi à créer des armées pour initier des guerres meurtrières.

Aujourd'hui, avec nos profits d'argent, nous voyageons, soi-disant pour notre bonheur (le bien). Cela cause pourtant l'effet de serre qui nous conduit au malheur (le mal) des catastrophes climatiques. Sur toute la planète, de nombreux innocents en meurent chaque année.

---

[10] Genèse 2, 15-17 BFC

Avec nos profits d'argent, plus personne ne produit sa nourriture. Quel bonheur pourtant de se nourrir facilement sans avoir à cultiver la terre ! La croissance industrielle et intensive provoque le malheur avec la perte de la biodiversité et les catastrophes climatiques : plus d'abeilles, plus de poissons, eaux polluées, famines, baisse de la fécondité, cancers, pauvreté, etc. À la fin, l'humanité en mourra.

Le bonheur des uns fait le malheur des autres : ceci est l'arbre de la connaissance du bien et du mal dont le fruit est ce profit mortel. Le luxe provoque des catastrophes climatiques. Les impôts paient des armées qui font les guerres. Les trafics génèrent des règlements de comptes. Et le manque d'argent... crée la pauvreté. Forcément, il n'y en a jamais assez pour tous.

Le profit d'argent, qui prétend faire notre bonheur, conduit les hommes à un malheur grandissant dont la seule issue est la mort de l'humanité. C'est exactement ce que décrit la Bible : « Le jour où tu en mangeras, tu deviendras passible de mort. » En s'adressant à Adam et Eve, Dieu s'adresse à l'humanité. Adam et Eve ne sont qu'une image, une parabole, pour nous faire comprendre ce qu'il nous arrive aujourd'hui.

Dans la Bible, l'arche de Noé est l'image de notre survie. Le déluge a déjà commencé et il s'accélèrera avec le temps si nous ne réagissons pas.

Cet ouvrage est une sorte d'arche de Noé qui, en expliquant comment remplacer l'argent, vient nous sauver du déluge. Le déluge, c'est toutes ces catastrophes qui s'abattent sur notre société : les inondations, les tempêtes, les tornades, les sécheresses, les brasiers, les épidémies, etc.

Jésus nous a prévenus :

« Ne pensez pas que je sois venu apporter la paix sur la Terre : je ne suis pas venu apporter la paix, mais le combat. Je suis venu séparer l'homme de son père, la fille de sa mère,

la belle-fille de sa belle-mère ; on aura pour ennemis les membres de sa propre famille. » [11]

L'argent est en effet tellement vénéré sur Terre que les Anciens, si attachés à ce système, ne seront pas d'accord avec les jeunes qui choisiront leur avenir plutôt que cet argent destructeur.

Depuis toujours, les profits sont responsables des guerres et de la pauvreté qui tuent. C'est pourquoi sortir du péché et retrouver le paradis implique de détruire l'arbre de la connaissance en supprimant le profit par la force, en se rémunérant avec nos heures qui disparaissent à chaque achat. Autrement, l'argent, qui impose de croître à l'infini pour ne pas tomber dans la pauvreté, finira par détruire le monde. Rappelez-vous : « Vous ne pouvez pas servir à la fois Dieu et l'argent. » Dieu condamne l'argent. Ce qu'il veut, c'est sauver l'humanité !

C — Le mot de la fin : regardez nos vies !

Nous attendons tous la retraite pour profiter de la vie. Nous courons tous les jours pour aller au travail, pour gérer la maison, pour faire les courses, pour suivre les devoirs des enfants, etc. Il ne reste pas beaucoup de temps, finalement, pour jouer avec nos enfants. Nous sommes harcelés par les publicités, les médias et les chronomètres… Cela n'est pas une vie.

Une fois à la retraite, nous commençons à être âgés. C'est dans la jeunesse que nous avions besoin de profiter de la vie. Il vaudrait bien mieux travailler à mi-temps, être avec nos enfants, les éduquer

---

[11] Matthieu 10, 34-36 BFC

correctement pour construire un monde de paix. Seule l'éducation donnée aux enfants, par les parents et par la société, apportera la paix à notre monde.

C'est ce que permet le nouveau système de rémunération des minutes-temps : travailler à mi-temps, afin qu'aucun enfant ne soit délaissé, partager le travail entre tous, pour que chacun puisse réussir son éducation, éradiquer les trafics, les vols, les arnaques, les profits, pour offrir à nos enfants un exemple de vie saine de corps et d'esprit.

Nos enfants sont les joyaux de l'humanité ! L'avenir leur appartient ! C'est pour eux que nous devons changer le monde, pour leur garantir une meilleure vie.

C'est pourquoi, si vous voulez agir, il est temps de créer une association pour lancer le débat des minutes-temps. Si vous voulez participer au projet, n'hésitez pas : avenir-nature@orange.fr

Je n'ai plus qu'un seul mot à vous dire : évoluons dans l'égalité ! Passons du «chacun pour soi» au «vivre ensemble». Tous unis pour ne faire qu'un !

Merci

SOMMAIRE